초등학생이 꼭 읽어야 할 우리 고전

고
려
사

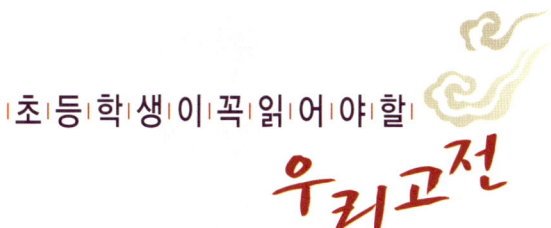

초등학생이 꼭 읽어야 할

우리고전

고려사

책머리에

우리는 살아가면서 수많은 종류의 책을 만나게 됩니다.
이러한 책은 이미 우리에게 없어서는 안 될 필수품이 되었습니다. 특히 배우는 학생과 책의 관계는 마치 매일 먹어야 하는 음식과 같습니다. 그래서 책을 마음의 양식이라고도 합니다.

이렇듯 수많은 책 중에서도 우리가 꼭 읽어야 할 것이 우리 고전입니다. 고전은 우리 조상들이 살던 시대를 배경으로 만들어진 문학 작품입니다. 물론 문학 작품이 아닌 실제의 역사를 옮긴 고전도 있습니다.

하지만 어떤 종류의 고전이든 조상들이 남긴 이 귀중한 작품을 통해 우리는 조상의 얼과 지혜와 마음의 양식을 얻게 됩니다.

이것을 바탕으로 오늘을 살아가고, 보다 풍요로운 삶을 설계할 수 있습니다. 그만큼 우리는 선조들로부터 넘치는 복을 받고 있는 셈입니다.

먼 옛날 조상들의 시대와 과학 문명이 극도로 발달한 오늘의 시대 배경이 같을 수는 없습니다. 그러나 우리는 그 시대 인물들이 어떻게 어려움을 극복해 갔으며, 특히 외적의 침략에 굽히지 않고 꿋꿋하게 이어온 민족의 저력을 고전 문학을 통해 배우게 됩니다. 또한 힘없고 신분이 낮은 백성들이 겪는 고난을 통해서도 사람이 살아가는 바른 길이 무엇인지 알게 됩니다. 이 모두가 다 고전을 통해 생생하게 터득하는 역사적 지혜입니다.

 튼튼한 나무로 자라기 위해서는 반드시 나무에도 양분이 필요하듯 우리 어린이 여러분이 지혜로운 사람으로 성장하기 위해서는 꼭 우리 고전을 많이 읽어야 합니다. 고전 문학은 나무의 양분과 같기 때문입니다.

 우리 고전은 민족의 얼과 조상의 지혜와 마음의 양식이 가득 쌓여 있는 곳간입니다. 항상 곁에 두고 시간을 아껴, 읽고 생각하고 토론하면서 밝고 희망이 넘치는 사람이 됩시다.

 차례

태조, 나라를 세우다	9	선종과 헌종	
후삼국의 통일	16	숙종	
2대왕 해종	28	예종	
3대왕 정종	30	인종	
4대왕 광종, 5대왕 경종	32	의종	
6대왕 성종	33	명종	
목종	37	신종	
현종	40	희종	
덕종과 정종	48	고종	
문종	49	원종	

차례

충렬왕	131
충선왕	133
충숙왕	135
충혜왕	137
충목왕과 충정왕	138
공민왕	140
우왕	149
창왕	156
공양왕	158

논술이란	162
논리와 놀자	164
생각을 펼치는 독서 감상문 쓰기	166
재미있게 표현하는 창의력 독서노트	167

태조, 나라를 세우다

왕건은 신라 헌강왕 3년(877년)에 지금의 개성인 송악군에서 태어났습니다. 왕건의 아버지는 왕륭이고 어머니는 한씨입니다.

왕건이 태어나던 날 집 주위에 신비한 붉은 기운(느낄 수 있으나 눈으로 볼 수 없는 현상)이 가득하였다고 합니다. 이때 신라는 정치가 매우 혼란스러웠습니다. 이런 틈을 타서 많은 도적들이 여기저기서 일어났습니다. 그 중에서도 견훤과 궁예가 가장 큰 세력을 떨쳤습니다.

견훤은 상주 가은현에서 태어났는데, 본래의 성은 이씨였습니다. 아버지 아자개는 농사를 지어 부자가 된 다음에 장군이 된 훌륭한 집안이었습니다.

견훤은 어려서부터 꾀가 많았습니다. 그가 15세가 되자, 그는 성을 견씨로 고치고 군대에 들어가 신라 경주로 갔습니다.

 얼마 후에 서남쪽 바다를 지키는 책임자가 되어 비장이란 직책을 맡았습니다. 그러나 견훤은 남모르는 야망을 지니고 있었습니다. 이때 진성여왕이 다스리고 있던 신라는 나라가 더욱 문란해져 곧 망할 것처럼 혼란스러웠습니다.

 그러자 견훤은 불평하는 자들을 모았습니다. 이렇게 모은 군사가 5천 명이나 되었습니다. 견훤은 그들을 이끌고 무주(지금의 전남 광주)를 습격하여 빼앗았습니다. 그리고는 후백제라 칭했습니다.

 이 무렵 북쪽에서는 궁예가 고구려의 옛 땅을 차지해 나라 이름을 후고구려라 했습니다. 궁예는 본래 신라 헌안왕의 서자로 태어났습니다. 태어나던 날 지붕에 흰빛이 무지개처럼 뻗쳤고, 태어나면서부터 이빨이 나 있었습니다. 점치는 사람은 왕에게 아뢰었습니다.

 "이 아이는 단오날 태어났고, 또 이상한 빛이 있으니 혹시 나라에 나쁜 일이 있을까 두렵습니다. 키우지 마십시오."

 이 말을 들은 왕은 사람을 시켜 갓 태어난 아기를 죽이

라고 명하였습니다. 명령을 받은 신하는 아이를 포대기 (어린아이를 업거나 덮어줄 때 쓰는 이불)에 싼 채 담 밖으로 던졌습니다.

이때 유모가 몰래 담 밖으로 떨어지는 궁예를 받았습니다. 그때 잘못하여 손가락으로 한쪽 눈을 찌르고 말았습니다. 그래서 궁예는 그만 애꾸눈이 되었습니다.

　유모는 아이를 안고 멀리 도망하여 숨어 길렀습니다. 그러다가 여남은 살 때 머리를 깎고 중이 되었습니다. 청년이 된 궁예는 여러 가지 지켜야 할 규율이 많은 승려 생활이 싫어졌습니다.

　그 무렵 신라가 더 어지러워지자 이를 본 궁예는 북쪽에서 일어난 양길에게 붙었습니다. 양길은 궁예를 잘 대접하면서 동쪽 지방을 공략(적의 영토 따위를 공격하여 빼앗음)하게 하였습니다.

　첫 싸움에서 궁예는 지금의 강릉, 원주, 영월 등 많은 고장(사람이 많이 사는 일정한 지방)을 쳐서 모두 빼앗았습니다. 그리고 이어서 철원을 점령하고 스스로 나라를 세웠습니다.

　이렇게 궁예의 세력이 날로 강해지자 왕건의 아버지 왕융은 자기가 다스리던 송악군을 궁예에게 바쳤습니다. 그러면서 아들 왕건을 부탁했습니다.

　"만일 대왕께서 옛 삼국의 땅을 통일하고자 하시면 먼저 개성에 성을 쌓고, 신의 큰아들 왕건을 성주로 삼으시면 큰 도움이 될 것입니다."

　궁예는 왕융의 말을 받아들여 개성에 성을 쌓고 왕건을 성주로 삼았습니다. 이때 왕건의 나이가 스무 살 때였습니다.

　궁예의 신임(믿고 일을 맡김)을 받은 젊은 장수 왕건은 이때부터 남쪽에 자리잡은 견훤과 치열한 싸움을 벌였습니다. 그리고 싸울 때마다 이겨 점점 벼슬이 올라 마침내 시중이란 제일 높은 벼슬에까지 올랐습니다.

　왕건의 활약으로 궁예는 이때 나라의 절반 이상을 차지

하게 되었습니다. 그러자 점점 교만하고 잔인한 성격을 보이기 시작했습니다.

궁예가 이렇게 변하자 궁예의 정치에 견디지 못한 백성들의 인심이 모두 시중인 왕건에게 쏠렸습니다. 나라의 대신과 장수들도 왕건을 왕으로 모시자는 계획을 꾸몄습니다.

어느 날 홍유, 배현경, 신숭겸, 복지겸 등 힘있는 장수들이 밤에 왕건의 집을 찾아왔습니다.

"지금 궁예왕은 너무 지나치게 가혹합니다. 심지어 부인과 자식까지도 죽이지 않았습니까? 이러니 백성들이 임금을 마치 원수처럼 미워합니다. 그렇다면 나쁜 임금을 내쫓고 어진 임금을 세우는 것이 우리가 할 일입니다. 시중께서 왕위에 오르십시오."

그러나 왕건은 끝내 여러 장군들의 추대에 응하지 않았습니다. 이때 왕건의 부인 유씨가 이런 의논을 듣고 있다가 남편이 거절만 하는 게 안타까워 방으로 들어갔습니다.

"포악한 임금을 물리치고 어진 임금을 모시는 것은 옛날부터 정당한 일이었습니다. 지금 여러 장군님들의 말씀을 들으니, 아녀자인 저 역시 피가 끓어오르는데 하물며 대장부(건장하고 씩씩한 사나이)로서 어찌 모른다 하시겠습니까? 어서 백성들의 뜻을 따르십시오."

부인은 손수 갑옷을 가져다가 입혀 주었습니다. 그래서 시중 왕건은 여러 장군들의 추대(윗사람으로 떠받듦)에 못이겨 왕이 되었습니다.

왕건이 왕위에 오른 것을 눈치챈 궁예는 평민처럼 변장하고 궁궐 뒷문으로 도망쳤습니다. 그리고 산골로 숨어 다니면서 배가 고파 보리 이삭을 훔쳐먹다가 백성에게 맞아 죽었습니다. 그가 나라를 세운 지 28년만이었습니다.

이때 왕건은 나라 이름을 고려로 고쳤습니다.

후삼국의 통일

궁예를 내쫓고 그 땅에 고려를 세운 왕건은 신라와는 화평책을 쓰고, 후백제의 견훤과는 서로 영토를 빼앗고 빼앗기는 치열한 싸움을 계속하였습니다. 고려는 차츰 나라의 기틀(일을 해나가는데 있어 가장 중요한 점이나 계기)이 잡혀갔습니다. 우선 도읍을 송악(개성)으로 옮기고 관직을 정했습니다.

이때 견훤은 신라와 고려를 차례로 공격했습니다. 왕건은 신라가 공격을 받으면 군사를 보내 신라를 도왔습니다. 이때부터 신라의 변방을 지키던 장수들은 성을 가지고 속속 고려에 항복해 왔습니다. 그러자 또 후백제의 장수들도 견훤을 배반하고 고려에 항복(자신이 진 것을 인정하고 상대방에게 굴복함)했습니다.

신라 경애왕 4년(927년) 겨울, 후백제 견훤군들이 신라의 서울 경주를 공격했습니다. 이때 신라왕과 왕비는 신하들과 포석정에서 놀이에 빠져 있었습니다. 견훤은 경애왕을 죽이고 대신 경순왕을 세운 뒤 신라의 귀한 보물들을 빼앗아 가지고 후백제로 돌아갔습니다.

견훤이 신라왕을 죽였다는 소식을 들은 왕건은 펄쩍 뛰었습니다. 즉시 군사 5천 명을 이끌고 돌아가는 견훤을 치기 위해 공산이란 곳에서 진을 치고 기다렸습니다.

양군 사이에 큰 싸움이 벌어졌습니다. 그러나 싸움은 고려에 불리했습니다. 마침내 싸우던 왕건이 적군에게 포위를 당하고 말았습니다. 참으로 위기 일발의 순간이었습니다. 그런데 이때 장군 신숭겸이 달려왔습니다.

왕건이 수레에서 내려 피하게 한 뒤 신숭겸은 김낙과 함께 왕건의 수레를 타고 적진을 향해 달려갔습니다. 후백제 군사들은 고려왕의 수레가 달려오자 그 쪽으로 일제히 몰려들었습니다. 두 사람은 후백제군과 용감히 싸우다 장렬하게 전사했습니다.

적군은 신숭겸을 고려왕으로 알고 목을 잘라 가지고 돌아갔습니다. 겨우 목숨을 건진 왕건은 전쟁이 끝나자 신숭겸의 시체를 찾았으나 목이 없어 알아볼 수가 없었습니다. 그러다가 왼쪽 발에 있는 북두칠성(큰곰자리에서 가장 뚜렷하게 보이는 국자 모양으로 된 일곱 개의 별)처럼 생긴 검은 사마귀를 보고서야 시체를 찾을 수 있었습니다.

젊어서부터 함께 전쟁을 치른 동료인 신숭겸과 김낙의 죽음은 왕건에게 큰 충격을 주었습니다. 그래서 장사를 훌륭하게 지낸 뒤 절을 지어 그들의 명복을 빌었습니다. 그 후 고려 예종은 신숭겸과 김낙 두 장군의 충성을 기리기 위해 '도이장가'란 노래를 짓기도 했습니다.

신라왕을 죽이고 또 왕건을 크게 이긴 견훤은 무슨 생각에서인지 왕건에게 글을 보내 앞으로 평화롭게 지낼 것을 제의하였습니다. 이에 대해 왕건도 답을 보내 지나친 횡포를 삼가라고 경고했습니다.

그러나 화친은 말뿐이었습니다. 다시 두 나라 사이에는 치열한 싸움이 계속되었습니다. 정세는 차츰 고려에 유리하게 돌아갔습니다. 왕건의 명망(명성과 인망)을 듣고 많은 신라와 백제의 백성들이 스스로 항복해 온 것입니다.

그런데다 후백제에서는 내란(나라 안에서 일어난 난리. 정부를 뒤엎을 목적으로 나라 안에서 일으킨 무력투쟁)이 일어났습니다. 견훤이 나라를 세운 지 44년이 되던 해 봄이었습니다.

견훤은 여러 부인에게서 십여 명의 아들을 낳았습니다. 그중 넷째 아들 금강은 체격이 크고 지혜가 많았습니다. 그래서 견훤은 금강을 제일 사랑하여 그에게 왕위를 물려주려고 마음먹고 있었습니다. 그러자 큰아들 신검 등 다른 아들들이 이에 불만을 품었습니다.

특히 신검의 불만이 컸습니다.

"큰아들인 나를 제치고 넷째 금강을 왕으로 삼다니…."

어느 날, 견훤이 잠자리에서 일어나지도 않은 이른 시간인데 밖이 매우 소란했습니다.

"여봐라, 왜 이리 소란하냐?"

"여러 장수들이 신검 태자를 왕으로 추대하고 축하하는 중이라 합니다."

견훤이 노발대발(크게 화를 냄)하여 신검을 잡아들이라 했으나 아무도 따르는 신하가 없었습니다. 힘이 없는 견훤은 군사들에게 이끌려 금산사에 갇히고 말았습니다. 그 후 견훤은 금산사에서 탈출해 왕건에게 항복했습니다.

왕건은 그 동안 서로 피를 흘리며 싸우던 원수였지만 견훤을 따뜻하게 맞아 높은 벼슬을 주고 형님처럼 대접했습니다. 이 무렵 신라 서울에서는 어전회의(중요한 국사를 다루기 위하여 임금 앞에서 중신들이 하는 회의)가 열리고 있었습니다. 경순왕이 여러 신하들에게 침통한 어조로 말했습니다.

"천 년 동안이나 번성해 온 우리 신라의 국운이 이제 다 되었나 보오. 이대로 망하기를 기다리기보다는 일찍 고려에 항복하여 백성들이나 편안히 지내게 해 주고 싶소."

태자가 나서 소리쳤습니다.

"안 됩니다. 아직도 많은 충신과 군사가 남았으니 그들과 함께 민심을 수습하여 죽을 각오로 나라를 지켜야 합니다. 어찌 천 년 동안 이어온 나라를 싸움 한번 해보지 않고 그냥 넘겨준단 말입니까?"

경순왕도 태자의 말이 옳은 것은 알았습니다. 그러나 더 이상 백성들이 고통받게 할 수가 없다고 생각했습니다.

마침내 태자의 반대에도 불구하고 경순왕은 왕건에게 항복하는 글을 보냈습니다. 이로써 찬란한 역사를 자랑하던 신라는 하루아침에 망하고 말았습니다. 그 해가 신라 경순왕 9년(935년), 고려 태조 18년이었습니다.

왕건은 경순왕이 신하들을 거느리고 개성으로 항복해

 오자 몸소 교외로 나가 따뜻이 맞이했습니다. 그리고 큰딸 낙랑공주를 경순왕에게 시집보냈습니다.
 신라의 태자는 나라가 망하자 울면서 왕을 하직(먼 길을 떠날 때 웃어른께 작별을 고함)하고 금강산으로 들어갔습니다. 그리고 평생 삼베옷을 입고 죄인으로 자처하며 살았다고 합니다. 이로써 왕건은 이제 신검만 쳐부수면 세 나라를 통일하게 되는 셈입니다. 그러나 왕건은 서두르지 않았습니다.

오히려 왕건에게 의탁해 있던 견훤이 몸이 달아 하루는 왕건에게 말했습니다.

"늙은 제가 왕에게 의지한 지도 오래 되었습니다. 대왕께서 군사를 빌려 주시면 반역한 아들놈의 목을 베어다 바치겠습니다."

왕건은 좀 더 기다리자고 말렸습니다. 그러나 견훤은 막무가내(굳게 고집하여 융통성이 없음)로 애원했습니다. 그래서 태조 19년(936년) 9월, 왕건은 친히 군사를 이끌고 후백제를 치기 위해 개성을 떠났습니다. 고려 군사의 위용은 대단했습니다.

후백제 진영을 향해 북을 울리면서 쳐들어가는데 이상한 일이 생겼습니다. 갑자기 고려군 진영 위에서 칼과 창처럼 생긴 흰 구름이 일더니 삽시간에 후백제군 진영으로 퍼져나갔습니다.

이를 본 후백제 군사들은 싸울 엄두(주로 부정적인 말과 어울려 쓰이어 무엇을 하려는 마음)도 내지 못하고 항복하고 말았습니다. 그래서 3천 2백 명의 포로를 사로잡고, 적의 머리 5천 7백 두를 베었습니다.

이런 참패 속에 신검은 더 이상 어쩔 수가 없음을 알고

두 아우 양검, 용검과 함께 왕건 앞에 무릎을 꿇고 말았습니다.

왕건은 신검도 따뜻하게 맞아들였습니다. 평생 꿈이었던 삼국통일의 대업을 이룬 왕건은 이제 더 이상 피를 흘리고 싶지 않았습니다. 그래서 신검에게도 높은 벼슬을 주었습니다. 견훤은 종기가 심해 마침내 죽고 말았는데 이때 그의 나이 70세였습니다.

고려는 고구려의 뒤를 잇는다는 뜻입니다.

삼국을 통일한 왕건은 고구려의 옛 땅을 찾을 생각을 했습니다. 그 요동 땅은 얼마 전까지만 해도 발해의 땅이었습니다.

발해는 고구려의 유민들이 세운 나라입니다. 그런데 나라를 세운 지 214년 만에 거란에게 멸망당했습니다. 발해가 망하자 많은 발해의 유민들이 고려로 도망쳐 왔습니다. 고려에서는 이들을 편안히 살도록 해 주었습니다. 왕건은 발해를 멸망시킨 거란이 못마땅했습니다.

그런데 태조 25년(942년)에 거란은 고려의 환심을 사려고 낙타 50필을 보내왔으나 거절했습니다. 발해를 멸망시키고 고구려의 옛 땅을 차지한 거란과는 언제가는 싸워야 할 적대국(서로 적으로 생각하고 맞서는 나라)이기 때문이었습니다.

태조 왕건은 나라를 세운 다음 해인 919년에는 평양에 성을 쌓고, 아예 서쪽 서울이란 뜻에서 '서경'이라 불렀습니다. 그러나 고구려의 옛 땅을 다시 찾기에는 자신의 나이가 너무 많았습니다. 왕건은 자신의 생전에는 그 위업을 이룰 수 없음을 알았습니다.

태조 26년(943년), 여생이 얼마 남지 않은 것을 깨달은 왕건은 후대 왕들이 지켜야 할 열 가지 조항을 정했습니다.

'자손들이 잘못되어 기강을 흐릴까 근심하여 이에 훈요십조(고려 태조가 그의 후손들에게 귀감으로 남긴 유훈)를 지어 자손에게 전한다. 아침 저녁으로 이를 보고 영원히 거울로 삼도록 하라.'

이렇게 시작한 훈요십조의 내용은 이러했습니다.

1. 우리나라의 왕업은 여러 부처의 덕임으로 앞으로 많은 절을 지어 주지를 뽑아 보내 불도를 닦게 하라.
2. 도선 대사가 터를 정한곳 이외에는 함부로 절을 짓지 말라.

3. 왕위를 맏아들에게 전하데, 만약 맏아들이 똑똑하지 못하면 둘째 아들에게 전하라.

4. 우리 나라는 옛날부터 중국의 풍속을 따랐으나 지역이 다르고 사람의 성품도 다르니 굳이 똑같이 할 것이 없다. 거란은 짐승과 같은 나라임으로 그들의 제도를 본받지 말라.

5. 서경은 우리 나라 지맥(풍수설에서 정기가 순환한다는 땅속의 줄을 이르는 말)의 근본이요, 큰 왕업이 이룩될 중요한 땅이니 2월, 5월, 8월, 11월에는 왕이 가서 1백 일을 머물러 안녕을 이루도록 하라.

6. 연등회와 팔관회의 풍습을 후세의 간신들이 고치자 하면 엄단하라.

7. 임금이 신하와 백성의 마음을 얻으려면 충고하는 말을 따르고 참소하는 말을 멀리하며, 적절할 때에 백성을 부리고 부역을 가볍게 하라.

8. 차령 이남과 공주강 밖은 산지가 반역할 형세이다. 따라서 그 아래 사람들에게는 벼슬을 주지 말고, 또 왕실과 결혼도 하지 말라.

9. 모든 관리의 녹은 일정한 제도가 있으니 함부로 증감해서는 안 된다.

10. 나라나 집안은 근심이 없을 때 조심해야 한다.

훈요십조 다섯 번째에서도 왕건 태조는 후대 왕들에게 평양을 중요시하며, 고구려의 옛 땅을 회복할 것을 당부하고 있는 것입니다.

그 해 5월에는 왕건 태조의 병이 더욱 위중해지다 세상을 떠났습니다. 이때 태조의 나이는 67세였습니다.

2대왕 혜종

태조가 죽고 맏아들 무가 즉위하여 2대 왕 혜종이 되었습니다. 혜종은 오랫동안 태자(황제의 대를 이어받을 아들)로 있으면서 어진 정치를 배웠으며, 성품이 인자하여 모두 훌륭한 왕이 되리라 믿었습니다. 그러나 마음이 강하지 못했습니다.

태조에게는 여러 부인에게서 태어난 아들들이 있었습니다. 혜종의 어머니 장화 왕비는 나주 지방의 가난한 집안의 딸입니다.

왕건이 견훤을 물리치기 위해 나주에 갔을 때 만난 처녀를 아내로 맞아 낳은 아들이 바로 혜종입니다. 왕위에 오른 혜종은 좋은 정치를 하기 위해 노력했습니다. 어려운 일은 아버지의 옛 신하들과 의논해 잘 처리했습니다.

그런데 혜종의 장인인 왕규가 반란을 꾸민 일이 발각(숨겼던 일을 드러내거나 알아냄)되었습니다. 왕규는 딸 하나를 태조에게 바치고 벼슬이 점점 높아져 정승의 자리에 올라 있었습니다. 그리고 또 다른 딸을 혜종에게 시집보냈습니다.

혜종은 장인인 왕규를 신임하고 여러 가지 일을 맡겼습니다. 그랬더니 그 신임을 기회로, 왕규는 혜종의 아우인 요를 없애 버려야 한다고 간청했습니다. 왕은 그 말을 듣지 않고, 오히려 두 동생을 평소보다 더욱 보살폈습니다.

왕규는 그것이 못마땅했습니다. 그래서 혜종을 없애고 자기 딸에게서 난 광주원군을 왕위에 앉히려 했습니다. 외손자가 왕이 되면 모든 정치를 마음대로 할 수 있기 때문이었습니다.

그러나 혜종은 왕규의 반란(정부나 지배자에게 반항하여 내란을 일으킴)을 문제삼지 않고 용서해 주었으나 이때 마음의 병을 얻어 즉위 2년만에 죽고 말았습니다.

혜종이 죽자 왕규는 이제 더 이상 무서울 게 없었습니다. 하지만 왕위가 그의 뜻대로 광주원군에게 돌아가지 않고 뜻밖에도 자기 목숨을 잃는 사건이 생겼습니다. 왕식렴이 군사를 동원해 왕규를 귀양(고려·조선 시대에, 죄인을 고

향이 아닌 먼 변방이나 외딴섬 같은 데로 보내어 일정 기간 제한된 지역 안에서만 살게 하던 형벌)보냈다가 곧 죽인 것입니다.

3대왕 정종

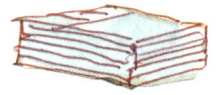

혜종이 세상을 뜨자 동생 요가 왕위를 받아 3대왕 정종이 되었습니다.

정종은 불교를 믿었기 때문에 도참설(미래의 길흉에 관하여 예언하는 술법)에 따라 도읍을 평양으로 옮기려 하였습니다. 그래서 즉위한 다음 해에 서경(평양)에 성을 쌓고 궁궐을 지었습니다. 그런 다음 개성에 사는 백성들을 그 곳으로 옮겼습니다.

또 거란의 침범을 막기 위해 광군사를 설치하였습니다. 정종 3년(948년)에는, 동여진에서 말 7백필을 고려에 보냈습니다. 이것이 여진과 우리 나라와의 첫 외교였습니다.

　왕이 천덕전에서 이들 여진의 토산품을 받고 있는데, 갑자기 우레와 번개가 치면서 벼락이 떨어졌습니다. 정종은 놀란 나머지 다른 궁전으로 피했는데, 이로 말미암아 병이 나고 말았습니다.

　정종 4년 3월, 병이 위독해진 왕은 아우 소에게 왕위를 물려준 다음 죽고 말았습니다. 정종이 죽었다는 소식이 전해지자 백성들 중에는 슬퍼하는 자보다는 기뻐하는 자가 더 많았습니다. 왜냐하면 궁궐(임금이 거처하는 집)을 짓고 성을 쌓는 등 지나치게 백성을 괴롭혔기 때문입니다.

4대 왕 광종, 5대 왕 경종

정종이 죽고 왕위를 물려받은 4대 왕 광종은 정치 역량이 뛰어난 임금이었습니다. 즉위하자마자 여러 가지 폐단을 고쳤습니다.

훌륭한 인재를 골라 썼으며, 가난하고 힘없는 사람들을 보살피기에 힘을 썼습니다. 그래서 광종 7년(956년)에는 노비안건법을 실시했습니다. 우리 나라의 노예제도는 옛날부터 내려온 아주 좋지 않은 제도였습니다.

광종은 조상이 노예(지난날 인권이 인정되지 않고 가축처럼 소유주의 재산이 되어 매여지내고 매매의 대상이 되었던 사람)라 해서 그들 자손까지 영원히 노예가 되어 고생하는 것이 안타까웠습니다. 그래서 귀족들의 반대를 무릅쓰고 불법으로 노예가 된 사람들은 모두 노예에서 벗어나 양민으로 만들어 준 것입니다.

광종 9년(958년)에는 처음으로 과거제도도 실시하였습니다. 과거제도는 중국 후주 사람인 쌍기의 제의에 의해서였습니다. 쌍기는 우리 나라에 사신으로 왔다가 병이 나서 돌아가지 못하고 머물고 있는 동안 광종의 신임을 받았습니다.

이후 많은 치적을 남긴 광종이 재위 26년 만에 죽고 태자가 즉위하여 5대 경종왕이 되었습니다. 그러나 경종 역시 재위 6년 만에 26세의 젊은 나이로 죽고 말았습니다.

6대왕 성종

5대왕 경종은 자기 병이 위독(병이 몹시 중하여 목숨이 위태로움)하자 사촌동생 치에게 왕위를 물려주었습니다. 이가 바로 성종입니다.

성종은 성품이 바르고 관대하였습니다. 그래서 고려의 역대 왕 중에서 가장 많은 치적을 남기는 한편, 서희 같은 훌륭한 장수를 잘 써서 외적의 침입을 막았으며, 최승로 같은 학자를 중용하여 문화의 꽃도 피웠습니다.

성종은 외교에도 힘을 썼습니다. 그래서 송나라와 외교를 강화하는 한편, 거란과도 평화를 유지하는 정책을 폈습니다. 성종 12년(993년) 10월에 서희 장군이 걱정한 대로 거란의 소손녕이 거느린 80만 대군이 쳐들어왔습니다.

왕은 박양유, 서희 등에게 군사를 주어 그들을 막게 하는 한편, 친히 군사를 거느리고 평양으로 향하였습니다. 적은 봉산군을 공략하고 거침없이 평양으로 다가오고 있었습니다.

다급해진 성종은 소손녕의 진영에 서희 장수를 보내 담판(서로 맞선 관계에 있는 두 사람이 옳고 그름을 가리거나 결말을 짓기 위하여 서로 의논함)을 짓도록 하였습니다.

"신이 적진에 가서 형편을 살펴보겠습니다."

서희가 적진에 이르자 소손녕은 높은 자리에 앉아서 거드름을 피웠습니다.

"나는 대국의 장수고, 당신은 소국의 대신이니 뜰 아래에서 절을 해야 마땅하오."

그러나 서희 장수도 물러서지 않았습니다.

"그렇지 않소. 임금과 신하라면 그래야 마땅하겠지만 두 나라 장수가 만나는 데는 평등한 예절로 대해야 하오. 지금 만약 그대에게 그대 임금에게 할 예절을 쓰면 훗날 그대 임금을 만나서는 무슨 예절을 갖추겠소?"

이 말에 소손녕은 아무 말도 없이 안으로 들어가 버렸습니다. 서희 역시 그 날은 그대로 자기 진영(군사가 둔을 치고 있는 일정한 구역)으로 돌아왔습니다.

며칠이 지나자 소손녕은 몸이 달았습니다. 자기가 큰 소리를 치면 서희가 사정할 것으로 알았는데 그렇지가 않았습니다. 그래서 다시 서희의 진영에 사람을 보냈습니다.

소손녕이 먼저 따졌습니다.

"고려는 신라 땅에서 일어났으나, 우리 거란은 고구려의 옛 땅에서 살아온 지가 이미 오래 되었소. 그런데도 고려가 우리 땅을 자주 침범하는 이유가 무엇이오?"

소손녕이 침입해 온 이유를 조목조목 설명하자 서희가 대답했습니다.

"장군의 말씀은 잘못이오. 우리 고려는 고구려를 잇는 나라란 뜻에서 국호(정식적인 나라의 이름)를 고려라 한 것이오. 고구려의 영토는 귀국의 서울인 동경도 포함되어 있소. 우리는 우리의 영토를 회복하려고 했을 뿐 귀국의 영토를 침범한 일이 없소."

소손녕은 서희의 조리 있는 말에 더 이상 생떼(당치도 않은 일에 억지를 부리는 일)를 쓰지 못하고 자기 임금에게 화친하는 것이 좋을 것 같다고 건의하였습니다. 그래서 마침내 화친이 이루어졌습니다. 이때부터 고려는 거란에 사신을 파견하는 등 국교가 활발해졌습니다.

목종

성종이 경종에게서 왕위를 물려받을 때 경종에게는 두 살 난 아들이 있었는데, 이가 바로 목종입니다. 목종은 어머니 천추태후 때문에 왕위에서 쫓겨난 비운의 왕이었습니다.

김치양과 천추태후 사이에는 사생아(법률상 부부가 아닌 남녀 사이에서 태어난 아이)가 하나 있었습니다. 김치양은 몸이 약한 목종이 죽으면 자기의 아들을 왕위에 오르게 할 음모를 꾸몄습니다. 목종도 김치양의 계획을 알고 있었습니다. 그러나 어머니가 감싸고 있으니 어쩔 수가 없었습니다. 김치양의 권세는 점점 높아져서 부귀와 영화가 극에 달하였습니다.

목종은 어떻게든 좋은 정치를 해보려고 노력했습니다. 과거의 법을 개혁하고 어려운 백성들을 구제했습니다. 그리고 전국에 흩어져 있는 인재들을 뽑아 쓰도록 하였습니다.

그런데도 나라 안에는 변괴가 끊임없이 일어났습니다. 목종 10년에는 제주도 바다 가운데서 갑자기 산 하나가 솟아올랐습니다. 12년에는 천추태후가 거처하는 궁에 큰불이 났습니다. 왕은 더 이상 견디지 못하고 병을 얻고 말았습니다.

왕이 병에 걸려 몸져눕자 김치양은 평소 꾀하고 있던 음모(몰래 좋지 못한 일을 꾸밈)를 구체화시켰습니다. 이를 눈치 챈 목종은 절에 나가 있는 순을 급히 불렀습니다. 자기 왕위를 물려주기 위해서였습니다.

그러나 이때 성격이 단순한 장수 강조가 김치양을 몰아내고 대량원군 순을 새 임금으로 삼겠다는 명분을 내걸고 궁궐을 점령하였습니다. 그런 다음 목종에게 청했습니다.

"왕께서는 잠시 절에 나가 계십시오. 제가 김치양 일파를 몰아내고 다시 모시겠습니다."

그런 다음 순이 피해 있는 절에서 불러다 왕위에 앉혔는데 이가 현종입니다. 강조의 꾐에 빠진 목종은 어머니 천추태후와 함께 법왕사라는 절로 향했습니다. 강조는 자기의 심복(마음 놓고 믿을 수 있는 부하)을 보내 목종의 행동을 감시했습니다.

현종은 목종을 살리고 싶었지만 실권을 강조가 쥐고 있어 어쩔 수 없었습니다. 그후 목종은 천추태후와 함께 충주로 귀양을 가다가 아무도 모르게 살해당하고 말았습니다.

현종

목종이 죽기 전에 왕위를 물려주려고 했던 대량원군 순은 이렇게 역적(임금에게 반역한 사람) 강조의 손에 의해 왕위에 올랐습니다.

대량원군 순은 어떤 인물일까요? 이야기는 6대왕 성종 때로 거슬러 올라갑니다. 성종에게는 욱이란 삼촌이 있었는데 그는 생활이 방탕하였습니다. 이 바람둥이는 경종이 죽자 경종의 둘째 왕비인 홍보 씨와 가까워졌습니다.

이를 안 성종이 욱을 사천으로 귀양보내서 두 사람은 떨어지게 되었습니다. 욱이 귀양을 간 후 황보 씨는 아들 하나를 낳았는데, 이 아들이 바로 순입니다. 황보 씨는 순을 낳자마자 죽고, 어린 순은 성종의 사랑을 받으며 자랐습니다.

왕위에 오른 현종은 강조가 목종을 죽였다는 사실을 알았습니다. 그러나 **실권**(실제로 행할수 있는 권리나 권세)이 없는 현종으로서는 강조를 어떻게 할 수가 없었습니다.

그런데 거란에서 사신이 와서 목종이 왜 죽었는가를 따졌습니다. 그리고는 현종 원년(1010년) 11월에 거란 성종이 친히 40만 군사를 이끌고 역적 강조를 친다는 명분을 내세워 침입해 왔습니다.

강조는 이런 일이 있을 것을 예견하고 자신이 스스로 행영도통사란 최고 사령관이 되어 통주에 나가 진을 쳤습니다. 싸움은 흥화진에서 시작되었습니다.

흥화진을 지키는 장수는 양규였는데, 그는 성문을 굳게

잠그고 꼼짝도 하지 않았습니다. 거란의 40만 대군은 이 작은 성 하나를 깨뜨리지 못하고 회유책(말로 잘 구슬려 따르게 함)을 썼습니다.

포로가 된 사람에게 비단 등 많은 상을 주어 다시 성으로 들여보냈습니다. 항복하면 죽이지 않을 뿐만 아니라 상을 받을 수 있다는 것을 군사들에게 알렸습니다.

그러나 강조의 군사는 곳곳에서 승리를 거두었습니다. 그러자 차츰 자만심(자기에게 관계되는 일을 남 앞에서 뽐내고 자랑하며 오만하게 행동하는 마음가짐)이 생긴 강조는 거란 군사들을 대수

롭지 않게 여겼습니다. 그러다 강조는 마침내 거란 성종에게 생포되고 말았습니다. 거란 왕은 강조에게 자기를 섬기라 재촉했으나 강조는 처음 뜻을 굽히지 않고 죽음을 당했습니다.

　강조는 죽었지만 남아 있는 장수 김훈 등은 거란군을 크게 무찔러 이겼습니다. 또 지채문과 승장 법언 등은 평양에서 거란군을 크게 물리쳤습니다. 특히 지채문은 애국심이 강한 용장(용감한 장수)이었습니다. 법언과 지채문은 평양 싸움에서 3천 명의 적을 베었습니다.

　그러나 탁사정의 배신으로 평양성은 다시 적군의 공격을 받아 위태롭게 되었습니다. 지채문은 평양성을 강민첨과 조원에게 맡기고 위급한 상황을 알리기 위해 개성으로 향했습니다.

　거란의 성종은 이튿날 최후의 공격을 감행했습니다. 적군은 개미떼처럼 성문을 기어올랐습니다. 성문이 부서질 찰나였습니다. 갑자기 회오리바람이 일어나더니 적군 쪽으로 불었습니다. 회오리바람에 휩쓸린 적군은 눈을 뜰 수가 없었습니다. 그래서 공격을 멈추고 물러갔습니다.

　한편, 평양성이 위태롭다는 보고를 받은 현종은 남쪽으

로 피난(재난을 피하여 있는 곳을 옮김)길을 떠났습니다. 왕을 호위하는 책임자는 지채문이었습니다. 왕의 행차가 광주에 이르자 평양성이 함락되었다는 보고가 들어오고, 이어서 적군이 개성까지 입성했다는 소식이 전해졌습니다.

해가 바뀐 현종 2년 1월, 현종은 거란과 화친을 맺기 위하여 하공진을 적진으로 보냈습니다. 하공진의 화해(다툼을 그치고 화를 풀어냄)를 받은 적장은 추격을 멈추고 그들의 왕 앞으로 안내했습니다. 거란 성종도 너무 지친 나머지 하공진의 청을 받아들여 화친을 승낙하고 군사를 거두기 시작했습니다.

그러나 곳곳에서 흩어져 싸우던 고려 장수들은 화친이 성립된 것도 모르고 물러가는 적을 마구 무찔렀습니다. 귀주를 지키던 김숙흥은 퇴각하는 적 1만 명을 베었으며, 양규는 5천여 명을 베고 우리 포로 5천 명을 빼앗아 왔습니다. 그러나 양규와 김숙흥은 이 싸움에서 칼과 화살이 다하여 마침내 장렬한 전사를 하고 말았습니다.

또 압록강을 지키고 있던 정성은 강을 건너는 거란 성종을 공격했습니다. 마침 비가 와서 강물이 넘쳤습니다. 정성은 이들이 반쯤 건너기를 기다렸다가 뒤에서 공격해 많은 적을 수장시켰습니다.

　이로써 3개월에 걸친 전쟁은 모두 끝났습니다. 나주까지 피난했던 현종은 다시 궁으로 돌아왔습니다. 이어 불에 탄 궁궐을 다시 짓고, 흩어진 시체를 거두어 묻었습니다. 그리고 전쟁에서 죽은 양규 등 공이 많은 사람들을 표창했습니다.

　전쟁을 겪고 난 현종과 백성들은 허리띠를 졸라맸습니다. 임금은 수라상(임금에게 올리는 밥상을 높여서 부르는 말)의 반찬을 줄이고 백성들에게 식량과 씨앗을 나누어주었습니다. 또 사치를 금하기 위해 비단 짜는 직공을 없애고 농사를

짓도록 했습니다.

그러나 거란의 행패는 이후에도 계속되었습니다. 그들은 고려에게 여섯 개의 성을 달라고 생떼를 쓰면서 사신을 보내기도 하고 국경을 침범하기도 하였습니다.

그러던 현종 9년 12월, 소배압이 거느린 10만의 거란군이 다시 대대적으로 침입해 왔습니다. 현종은 강감찬을 상원수로, 강민첨을 부원수로 삼아 20만의 군사를 거느리고 나가 적을 막도록 했습니다.

상원수 강감찬은 군사를 나누어 거느리고 흥화진으로 갔습니다. 그런 다음 쇠가죽을 모아 동쪽에 있는 강물을 막았습니다. 그리고는 강 언덕에 날쌘 기병 1만 2천 명을 매복시켜 놓았습니다.

이런 작전을 모르는 거란군은 거침없이 흥화진으로 몰려들었습니다. 강감찬은 몰래 명령을 내렸습니다.

"자, 어서 막은 강물을 터라!"

군사들이 일시에 강물을 텄습니다. 갑자기 불어난 물에 빠진 적들이 우왕좌왕(이리저리 오락가락 하며 일이나 나아갈 방향을 결정짓지 못하고 망설임) 하자 언덕에 매복해 있던 군사들이 마구 활을 쏘았습니다. 결국 흥화진에 들어왔던 적은 강감찬의 계략에 빠져 한 명도 살아남지 못했습니다.

한편, 거란 장수 소배압이 거느린 군사는 개성을 향하고 있었습니다. 수도인 개성을 몰래 공격하기 위해서였습니다. 그러나 골짜기를 지나던 소배압의 군사도 갑자기 나타난 복병 때문에 뒷걸음을 쳤습니다.

부원수 강민첨이 미리 배치해 놓은 군사들이 공격했기 때문이었습니다. 이곳 싸움에서 강민첨과 조원의 군사는 1만 명의 적을 베었습니다.

현종 10년(1019년) 2월, 강감찬은 전쟁에서 개선하고 돌아왔습니다. 현종은 개선군을 맞이하기 위해 영파역으로 나갔습니다. 강감찬은 전쟁에서 얻은 포로와 전리품(싸움에서 이겨 적에게서 빼앗은 물건)을 왕에게 바쳤습니다.

현종은 개선 장군의 머리에 금으로 만든 여덟 가지의 꽃을 꽂아 주었습니다. 불우한 어린 시절을 보낸 현종은 백성들의 괴로움을 누구보다 잘 알았습니다. 그래서 그들의 편에 서서 정사를 펴도록 애썼습니다.

여러 차례 외적의 침입을 당하였으나 장수와 군사들이 죽음을 무릅쓰고 싸워 격퇴시킨 것은 이런 훌륭한 왕이 있었기 때문이었습니다.

현종 22년(1031년) 5월에 왕은 병이 났습니다. 태자 흠을 불러 좋은 정치를 하라는 유언을 남기고 조용히 눈을 감으니 나이 40세였습니다.

덕종과 정종

현종의 뒤를 이어 왕위에 오른 덕종은 우선 최충 등 학자들을 임용하여 학문을 널리 장려했습니다. 그리고 처음으로 국자감 시험을 실시하여 인재를 등용(인재를 뽑아 씀)했습니다.

그러나 덕종은 아버지 현종의 상을 치르는 동안 너무 슬퍼한 나머지 즉위 3년 만에 아우 형에게 왕위를 넘겨 준다는 유언을 남기고 죽었는데, 이때 나이가 19세였습니다.

덕종에게 왕위를 이어받은 정종은 성품이 너그럽고 인

자하였습니다. 효심*이 지극하고 우애가 깊고 과감하였습니다. 또한 한때 단절되었던 거란과 다시 화친을 맺어 나라가 무사하였습니다.

 그러나 재위 12년 만에 왕위를 아우 휘에게 물려주고 나이 33세에 세상을 떴습니다.

문종

 정종으로부터 왕위를 물려받은 문종은 아주 영특한 임금이었습니다. 학문을 좋아하고 활을 잘 쏘았습니다. 문종 시대는 고려 5백 년 동안 가장 태평한 시대였습니다.

 문종 때 학자 최충은 해동공자로 불릴 만큼 유명한 교육자며 정치가였습니다. 최충은 어려서부터 학문을 좋아하였으며 문장이 뛰어났습니다. 다섯 임금을 잘 보좌해 벼슬이 문하시중에 올랐는데, 학문뿐만 아니라 병법(전쟁을 하는 방법)에도 밝아 변방에 난리가 날 때는 나가서 장수가 되기도 하였습니다.

　최충은 국방을 튼튼히 하자면 먼저 백성이 부강해야 한다고 생각했습니다. 그래서 문종은 최충의 말에 따라 세금을 줄이고 부역을 중지하였습니다.

　고려는 현종 이후부터 외적의 침입을 자주 받아 학문을 발전시킬 겨를이 없었습니다. 최충은 이런 점이 안타까워 학문 진흥에 더욱 힘써 제자들을 모아 가르쳤습니다.

　최충의 문하(스승의 밑 또는 스승의 집)에서 공부를 한 사람은

모두 과거에 합격하여 후에 큰 인물이 많이 배출되었습니다.

  문종은 재위 37년 만에 왕위를 태자 훈에게 전하고 승하했습니다. 태자는 본디 몸이 약한데다가, 문종의 상을 당해 너무 슬퍼한 나머지 2개월 후에 죽었는데 이가 순종입니다. 그리고 순종의 아우 운이 왕위를 이으니 이가 선종입니다.

선종과 헌종

  선종은 어려서부터 슬기롭고 효심이 깊었으며 또 학문을 널리 연구하였습니다. 그러나 절을 많이 짓느라 국고를 낭비하여 백성들의 원성을 사기도 했습니다.

  고려는 태조의 훈요십조에도 나타나 있듯이 불교가 국

교였습니다. 그래서 많은 절을 지었으며, 훌륭한 고승(학덕과 지위가 높은 중)이 많이 나왔습니다. 그 중에서도 가장 뛰어난 사람은 대각국사 의천입니다.

　대각국사는 문종의 아들로 이름이 의천입니다. 고려에서는 왕자들 가운데 중이 된 사람이 많았습니다. 의천은 머리가 좋은 데다가 특히 학구열(학문을 닦는데 힘쓰는 열의)에 불타고 있었습니다. 그래서 영통사로 가 불경 공부에 전심했습니다.

　국내에서 공부를 하다 보니 더 배울 게 없다는 생각이 들자 송나라로 유학을 가 공부를 계속하고 싶었습니다. 그러나 선종이 끝내 반대하자 의천은 몰래 장삿배를 타고 밀항했습니다.

　송나라 황제는 의천을 후하게 대접하면서 공부에 전념하도록 했습니다. 의천은 여러 유명한 스님을 찾아다니며 2년 동안 송나라에서 공부했습니다. 그런데 고려에서 송나라에 사신을 보내 의천을 귀국시켜 달라는 요청을 해왔습니다.

　그렇게 고려에 돌아오게 된 의천은 많은 불교 서적과 유교의 경전(동물의 살과 내성인의 가르침이나 행실 또는 종교의 교리들을 적

은 책을 이르는 말)을 가지고 들어와 국내에서 번역해 발행했습니다. 그 후 대각국사 의천은 그 동안 공부한 불교의 원리를 종합하여 천태종이란 종파를 만들었습니다.

　재위 11년 만에 병석에 누운 선종은 왕위를 태자 욱에게 물려주고 46세에 죽었습니다. 그런데 이때 선종에게는 계림공 희란 동생이 있었습니다. 태자는 11세 어린 나이에 왕위에 올랐는데, 숙부(아버지의 동생, 작은 아버지) 계림공이 무서웠습니다. 계림공은 많은 사람들에게 신망을 받고 있는 인물이었습니다. 헌종은 1년 만에 왕위를 숙부에게 물려주고, 2년 후인 14세에 죽었습니다.

숙종

헌종에게서 강제로 왕위를 빼앗다시피 한 야심만만한 숙종은 뛰어난 인물이었습니다. 고려가 거란과 여러 차례 싸우는 동안 북쪽에서는 또 다른 적인 여진족이 힘을 키우고 있었습니다.

여진족은 형세가 궁지(살아갈 일이 막연하거나, 매우 어려운 일을 당한 처지)에 몰리면 고려에 조공을 바치고 많은 도움을 받았습니다. 그러다가 조금 세력이 커지면 곧잘 변방을 침략하는 아주 귀찮은 존재였습니다.

숙종이 즉위하자 여진족 추장(원시 사회의 부락이나 부족의 우두머리)인 영가는 자주 사신을 보내 조공을 바쳤습니다. 숙종은 그들에게 많은 물건을 주어 보냈습니다. 그런데 어느 때인가 여진족이 고려를 침범할 것이라는 소식이 들어왔습니다.

그래서 숙종 9년 1월, 왕은 장수 임간을 국경 지방에 보내어 여진의 침입을 막게 하였습니다. 국경에 간 임간은 빨리 공을 세우고 싶은 마음에서 훈련도 되지 않은 군사를 이끌고 정주에서 여진을 공격했습니다. 그러나 임간은 군사 절반을 잃고 크게 패해 돌아왔습니다.

숙종은 임간이 패전(전쟁에서 짐)했다는 보고를 듣고 윤관을 동북면 행영도통사로 삼아 여진을 정벌하게 하였습니다. 윤관의 첫 싸움은 적보다도 아군의 손실이 훨씬 컸습니다. 그래서 우선 위기를 모면하기 위해 강화조약을 맺고 돌아왔습니다.

윤관만은 꼭 이기고 돌아올 것으로 믿었던 숙종은 분함을 참지 못하였습니다. 윤관은 이번 싸움에서 진 원인을 생각해 보았습니다.

"신이 지난번 여진에게 패한 것은 그들은 모두 말을 탄 기병이었고, 우리 군사는 모두 보병이었기 때문입니다."

그래서 조정에서는 곧 별무반이란 제도를 실시하게 되었습니다. 별무반은 이때 처음 만든 제도인데, 현직에 있

지 않은 모든 관리와 노예들까지 말을 가진 사람은 누구나 신기군이 되고, 말이 없는 사람은 보병에 편입시켰습니다. 이 제도에 따라 백성들은 동원되어 훈련을 받는 한편 승려도 뽑아 항마군이라 하여 별도 군대를 만들었습니다.

이렇듯 여진 정벌에 온갖 힘을 쏟던 숙종은 평양에 갔다 돌아오는 길에 병이 났습니다. 숙종 10년 9월, 개성에 채 이르지 못하고 길에서 52세에 세상을 떠났습니다.

예종

숙종에 이어 왕위에 오른 예종은 아버지의 유언에 따라 여진 정벌을 첫째 목표로 삼았습니다. 그래서 윤관에게 정승의 벼슬을 맡겨 모든 군사에 관한 일을 위임하였습니다.

잠시 조용하던 여진도 예종 2년 10월에 다시 움직이기 시작했습니다.

"여진이 변방을 자주 침범하고, 그 추장이 여러 부락에서 군사를 모으고 있다 합니다."

예종은 지금까지 깊이 간직하고 있던 아버지 숙종의 유서 한 장을 내놓았습니다.

"이 글은 선왕께서 하늘을 두고 맹세한 글이오. 이제 과인은 선왕의 뜻을 받들어 무도한 오랑캐(야만스러운 종족이란 의미로 침략자를 업신여기며 이르던 말)를 정벌할까 하오."

신하들은 그 글을 읽고 눈물을 흘렸습니다. 그리고 출전할 장수들을 임명했습니다. 윤관을 원수, 오연총을 부원수로 삼았습니다.

윤관은 부대를 몇 개로 나누었습니다.

윤관의 군사가 여진 부락 근처에 이르자 적은 그 위엄에 놀라 모두 도망가고 들에는 가축 떼만 널려 있었습니다. 한참 더 진군하여 동음성이란 곳에 이르렀습니다. 적은 성문을 굳게 닫고 꼼짝도 하지 않았습니다.

윤관이 임언과 최홍재에게 날쌘 군사를 주어 성을 공격하여 무너뜨리니, 그들은 성을 버리고 도망했습니다. 석성이란 곳에서 윤관은 통역(뜻이 통하지 않는 양쪽 말을 번역하여 그 뜻을 전함 또는 그 사람)을 보내 항복을 권하였습니다.

그러나 적은 거절했습니다. 용감한 척준경이 단숨에 적진으로 뛰어들어 닥치는 대로 추장 서너 명을 죽였습니다. 적의 기세가 주춤해지자 남은 군사들이 달려가 마구 무찔렀습니다.

이번 싸움에서 아군은 4천 8백여 적을 베고, 수천 명을 포로로 잡았으며 130개 마을을 소탕했습니다. 승전 소식을 들은 예종의 기쁨은 말할 수 없이 컸습니다. 그래서 이번 싸움에 출전한 원수 이하 장수들에게 많은 상을 내렸습니다.

윤관은 여러 장수를 보내 이번 기회에 여진과의 국경을 확정지었습니다. 그리고 경계마다 영주성, 옹주성, 복주성, 길주성, 함주성 등의 성을 쌓았습니다.

승리를 거두고 돌아가기 위해 윤관과 오연총이 병목이란 좁은 골짜기를 빠져 나오고 있을 때였습니다. 갑자기 우거진 숲 속에서 화살 하나가 날아왔습니다. 주위를 살펴보아도 적병은 보이지 않았습니다.

다시 한참을 행군해 병목 중간에 이르자 앞뒤 사방에서 한꺼번에 화살이 쏟아졌습니다. 아군은 피할 사이도 없이 쓰러지고 흩어졌습니다. 8천 명의 군사는 뿔뿔이 흩어져 길을 잃어버리고 말았습니다.

윤관의 곁에는 겨우 십여 명의 군사가 따르고 있었습니다. 오연총을 찾으니 오연총은 어깨에 화살을 맞아 위급한 상태였습니다.

척준경이 단신으로 적의 포위망(적을 잡기 위해 둘레를 치밀하게 에워쌈을 비유한 말)을 뚫고 있는데, 갑자기 말발굽 소리가 들리더니 한 떼의 군사가 달려왔습니다. 뒤따르던 최홍재의 군사였습니다. 적은 응원군을 보자 도망치기 시작했습니다.

 이로써 여진 정벌은 끝났습니다. 윤관은 다시 공험진, 통태진, 진양진, 숭녕진 등의 성을 더 쌓아 모두 9성을 쌓고, 남쪽 지방의 백성 6만 8천 호를 9성으로 옮겨 살게 했습니다.

 그리고 공험진에 전승비(전쟁에서 이긴 것을 기념으로 세운 비석)를 세웠습니다.

'여진은 본래 고구려의 부락으로 개마산 동쪽에 모여 살면서 대대로 조공을 바쳐왔다. 요사이 그들이 배반하므로 왕께서 정벌을 명하시니, 그들을 쳐부수기란 썩은 나무를 꺾고 대를 쪼개는 것보다 쉬웠다…'

윤관이 개선하자 왕은 큰 잔치를 베풀어 환영했습니다. 그러나 조정에서는 윤관이 쓸데없이 국경을 넓혀 9성을 쌓아 여진과 불화를 조성했다고 탄핵(공직에 있는 사람의 부정이나 죄를 조사하여 그 책임을 추궁함)하기 시작했습니다.

아닌게 아니라 생활 터전을 잃은 여진은 그후 기회 있을 때마다 9성을 공격했습니다. 그래서 9성을 다시 여진에게 돌려주어야 한다는 여론이 들끓었습니다.

예종 4년, 여진은 사신을 보내 9성을 돌려줄 것을 애원하였습니다. 예종은 할 수 없이 조정 대신들의 의견에 따라 애써 개척한 9성을 여진에게 돌려주고 말았습니다.

예종은 재위 17년 만에 등에 작은 종기가 나서 승하하였습니다. 태자 해가 즉위하니 이가 인종인데, 나이가 어렸습니다. 그래서 숙부들이 왕위를 엿보자 외할아버지

이자겸이 태자를 보호한다는 구실로 나랏일을 마음대로 처리하여 국정(나라의 정세)이 어지러워졌습니다.

인종

어린 인종은 외할아버지인 이자겸이 하자는 대로 따랐습니다. 이자겸이 모든 권력을 손아귀에 넣자, 많은 사람들이 그에게 뇌물(지위를 이용하여 특별한 일을 도와달라는 뜻으로 주는 부정한 금품)을 바치고 벼슬을 샀습니다.

 반대로 그의 비위를 거스르는 사람이 있으면 닥치는 대로 귀양 보냈습니다. 이렇게 되니 훌륭한 신하들은 모두 벼슬을 버리고 조정을 떠났으며, 무능한 아첨꾼들만 조정에 득실거렸습니다. 그것만으로 이자겸은 만족하지 않았습니다. 인종에게 자기의 딸 둘을 바쳐 왕비로 삼았습니다.

인종도 차츰 나이가 들자 이자겸의 부당한 간섭(남의 일에 참견함)이 잘못이란 생각을 했습니다. 그리고 왕권을 되찾아야 한다는 욕심이 생겼습니다.
　나라의 창고는 비었어도 이자겸의 창고에는 곡식이 넘쳤으며, 장안의 좋은 집은 모두 이자겸의 아들이나 친척들이 차지하고 살았습니다.
　마침내 이자겸은 형식적으로 받던 왕의 허락도 번거롭게 여겨 이것까지 없애려고 하였습니다. 인종 4년(1126

년), 지녹연,. 최탁 등은 정월에 군사를 이끌고 궁궐로 들어갔습니다.

이때, 이자겸의 아들 이지원이 척준경의 사위가 되었기 때문에, 척준경과 그의 동생 척준신 등은 모두 권세를 부리고 있었습니다. 궁궐로 들어간 최탁 등은 먼저 병부상서로 있는 척준신과 척준경의 아들 척순을 죽여 시체를 궁궐 밖으로 던져버렸습니다.

이런 소식은 금방 이자겸과 척준경의 귀에 들어갔습니다. 척준경은 부하 수십 명을 데리고 궁궐로 향했습니다. 궁궐 성문을 넘어 자물쇠를 부순 다음 밀고 들어갔습니다. 이런 소동을 안에서 들은 지녹연 등은 필시 많은 군대가 밖에 와 에워싸고 있는 줄 알고 나오지 못하고 있었습니다.

이튿날 아침이 되었습니다. 척준경은 군졸(군사)을 불러 모아 무기고를 헐고 무기를 나누어주어 궁궐을 포위하게 했습니다. 또 이자겸의 아들인 중 의장도 3백여 명의 중을 데리고 궁성 밖에 이르렀습니다.

척준경이 궁궐에 불을 질러 불길이 왕의 침전(임금의 자는 방이 있는 집)에까지 번지자 궁인들은 모두 도망하고 왕은 걸어서 몰래 산호정으로 피했습니다.

척준경은 궁궐에서 나온 사람은 누구고 죽이라는 명을 내렸습니다. 인종은 이대로 있다가는 살아 남지 못할 것 같았습니다. 그래서 이자겸에게 왕위를 물려준다는 글을 써 주었습니다.

그러나 아무리 무서울 것이 없는 이자겸도 그 조서(임금의 뜻을 일반인에게 널리 알릴 목적으로 적은 문서)를 선뜻 받지 못하고 망설였습니다. 이런 포악 무도한 이자겸과 척준경의 행동을 보고 그들의 부하들까지도 의분을 참지 못하는 자가 많았습니다.

홍입공은 이자겸의 덕으로 출세한 사람인데, 이때 60명의 군사를 이끌고 척준경의 지휘를 받고 있었습니다. 그는 끓어오르는 분노를 참지 못하고 부하들을 설득했습니다.

"이제야 우리가 누구를 위해 일해야 할 것인가를 깨달았다."

그리고는 궁궐 수채 구멍으로 들어가 왕을 호위했습니다. 왕은 다시 이자겸 일파를 제거하기로 마음먹었습니다. 그래서 최사전을 불렀습니다. 최사전 역시 이자겸의 편이었으나 성품이 온순한 사람이었습니다.

"너는 나와 함께 일할 마음이 있느냐?"

"힘있는 대로 돕겠습니다."

"이자겸을 어떻게 해야 처치할 수 있겠느냐?"

"이자겸이 권세를 부리는 것은 모두 척준경을 믿기 때문입니다. 그러니 척준경과 갈라놓으면 이자겸은 저절로 힘을 못쓰게 될 것입니다."

최사전은 몰래 척준경의 집을 찾아갔습니다.

"젊으셨을 때 윤관 장군께서는 장군이 이 나라의 재목(큰일을 할 인물을 비유하여 이르는 말)이라 해서 조정에 천거하셨습니다."

"그랬지. 그런데 그 말은 왜 꺼내는가?"

최사전은 왕과 나눈 이야기를 하고 의리를 들어 설득했습니다. 척준경은 성격이 단순한 무인입니다. 그런 만큼 설득도 쉬웠습니다.

척준경은 왕이 될 생각은 없었습니다. 왕보다는 이자겸의 자리라면 한 번 해 보고 싶었습니다. 척준경은 이튿날 왕이 보낸 쪽지를 받았습니다.

'오늘밤, 이자겸의 자객이 내 침실에 숨어든다는 소식

이 있다. 내 죽는 것이야 괜찮지만 태조가 나라를 세워 여러 선왕을 거쳐 내 대에까지 왔는데 이를 지키지 못하고 다른 성씨에게 나라가 넘어간다면 나의 수치일 뿐만 아니라 신하들의 수치이기도 하다. 경은 나를 도우라.'

척준경은 이 글을 읽고 감동하여 그날 밤 거사하기로 마음을 굳혔습니다. 척준경은 무기고(무기를 보관하는 창고)를 열어 군사들에게 무장을 갖추게 하고 자신도 갑옷을 입었습니다. 왕의 침전은 벌써 이자겸의 군사에게 포위돼 있었습니다.

"이놈들, 죽기 싫거든 얼른 돌아가라!"

척준경의 호통에 이자겸의 군사는 싸울 생각을 못하고 슬슬 꽁무니를 뺐습니다. 척준경은 왕명으로 이자겸을 궁궐로 불렀습니다. 일이 다 틀린 것을 짐작한 이자겸은 흰옷 차림으로 들어와 왕 앞에 무릎을 꿇었습니다.

어린 왕은 마음이 약했습니다. 자기를 몇 차례나 죽이려고 한 외할아버지이며 장인을 죽일 수가 없었습니다. 그래서 이자겸 일가를 귀양보내고 왕비도 궁궐에서 내보냈습니다.

이렇게 되어 이자겸의 마수(남을 나쁜 길로 꾀거나 불행에 빠뜨리거

<small>나 하는 음험한 수단을 비유하여 이르는 말)</small>에서 벗어난 인종은 척준경에게 문하시랑 평장사란 최고 직책을 주었습니다. 그러나 이는 이리를 피하려고 호랑이를 불러들인 셈이었습니다. 공로와 지위를 믿은 척준경이 제2의 이자겸 행세를 했기 때문입니다.

그러나 상황은 이자겸 때와는 달랐습니다.

인종 5년 3월, 정지상이 임금에게 척준경의 죄상을 낱

낱이 들어 탄핵하였습니다.

　왕은 그 말을 받아들여 척준경을 암타도란 곳으로 귀양 보냈습니다. 척준경은 얼마 후 마침내 등창이 나서 죽고 말았습니다.

　이자겸과 척준경이 죽자 왕권은 저절로 왕에게 돌아왔습니다. 모처럼 나라가 안정되고, 평화가 찾아왔습니다. 이 무렵 중국에서는 금나라가 송나라를 침략하여 송나라의 휘종과 흠종을 사로잡아 가는 등 새로운 상황이 생겼습니다.

　그래서 송나라에서는 군대를 파견(어떤 일이나 임무를 맡겨 어떤 곳에 보냄) 해 줄 것을 요청하는 등 고려에 자주 사신을 보내 왔습니다. 그러나 인종은 그 때마다 두 나라를 적당히 대우하여 어느 한쪽에 치우치지 않은 중립적인 정책을 썼습니다.

　왕은 사치를 금하고 서적소를 설치하여 전국에 흩어져 있는 책을 모으고 학자들과 학문을 토론하였습니다. 이 때 평양에 묘청이란 중이 있었습니다. 그는 스스로 음양술에 밝다고 자처(자기 자신을 어떠한 사람이라고 여기고 스스로 그렇게 행동함)하였습니다. 묘청의 제자 백수한은 스승을 정지상에게 천거하였습니다.

하루는 정지상이 인종에게 아뢰었습니다.

"평양에 있는 중 묘청은 음양술에 밝습니다. 그의 말에 의하면 송도(개성)는 이미 운이 다하였다 합니다. 그래서 지난번 궁궐에 불이 났던 것입니다. 그러나 도읍을 평양으로 옮기면 나라의 운명이 새롭고 영원히 계속된다 합니다."

이때, 조정에는 정지상과 백수한을 따르는 사람이 많았습니다. 그래서 모두 정지상의 의견에 찬성했습니다.

임금은 귀가 솔깃하였으나 김부식 등은 허무 맹랑한 소리라면서 서경 천도(도읍을 옮김)를 반대했습니다. 그러나 왕은 묘청 등의 말에 따르기로 결심하였습니다. 그래서 평양에다 대화궁이란 궁궐을 짓도록 하였습니다.

궁궐은 인종 7년(1129년) 2월에 완성되었습니다. 왕이 서경에 오자 묘청 등은 왕을 높여 황제라 부르고, 금나라를 치면 이길 수 있다고 큰 소리를 쳤습니다.

이후부터 인종은 개성과 평양을 왔다 갔다 하면서 머물렀습니다. 왕이 서경에 행차할 때마다 묘청은 큰 법회를 열어 왕의 마음을 사로잡으려 했습니다.

　또 그들은 어떻게든 왕을 평양에 오래 머물도록 하려고 갖은 속임수를 다 썼습니다. 한번은 큰 떡 속에다 참기름을 가득 넣어 대동강 상류에다 띄웠습니다. 그리고는 왕을 모시고 대동강 구경을 나왔습니다. 강물에 흘린 기름이 햇빛을 받아 오색 찬란하게 반짝이는 것을 보며 말했습니다.
　"보십시오. 용이 강물에다 침을 뱉어낸 것으로 천년에

한 번 있을까 말까 하는 아주 상서로운 빛입니다."

그때 어떤 기름 장수가 이 소리를 듣고 곧이곧대로 임금께 아뢰었습니다.

"폐하, 아닙니다. 참기름을 강물에 풀면 저런 빛이 납니다."

이상하게 여긴 왕이 사람을 시켜 살펴보게 했더니 그 사람은 참기름이 잔뜩 든 떡 하나를 건져 가지고 왔습니다. 지금까지 묘청 등을 못마땅하게 여긴 신하들이 일제히 일어났습니다.

"그것 보십시오. 묘청 일당은 이제까지 간사한 꾀로 전하를 속여왔습니다. 그들을 죽여 화란을 막아야 합니다."

묘청 일당도 왕에게 더 이상 신임을 받지 못하게 되자 반란을 일으킬 생각을 했습니다. 인종 13년(1135년), 왕의 신임을 잃은 묘청은 조광, 유담 등과 서경을 거점으로 반란을 일으켰습니다. 서경 유수와 모든 벼슬아치들을 가두었습니다. 그리고 군사를 보내 개성과의 통로를 차단한 다음, 근처의 군대를 왕명을 가장하여 징발(남의 물건을 강제적으로 거두어들임)하였습니다. 그런 다음 대위라는 나라를 세우고 자신은 하늘이 보낸 충의군이라고 불렀습니다.

묘청은 군사를 이끌고 곧바로 개성으로 쳐들어가려 했습니다. 그런데 이때 백수한과 정지상은 개성에 있었습니다. 어떤 사람이 급히 백수한에게 묘청이 난을 일으켰으니 도망하라는 편지를 전했습니다.

왕은 김부식을 원수로 삼아 묘청을 토벌하게 하였습니다. 김부식은 군사를 거느리고 서경으로 떠나기 전, 먼저 백수한, 정지상 등 개성에 있는 묘청 일파를 불러 궁궐 밖에서 목을 베어 죽인 다음 왕에게 아뢰었습니다. 그들이 개성에 남아 있는 한 서경과 내통할 우려가 있었기 때문이었습니다.

정지상은 재주가 뛰어나고, 특히 문장이 김부식과 우위를 다투는 인재였습니다. 그는 묘청과 친했으나 반란에 참여하지는 않았는데도 죽음을 당한 것입니다.

인종은 김부식을 보내기 전에 묘청을 달래는 글을 보냈습니다. 묘청은 그 글을 받지도 않고 돌려보내면서 이런 글을 올렸습니다.

'지금이라도 서경에 거처하시면 싸움은 중지하겠습니다. 그러지 않으면 큰 일이 있을 것입니다.'

왕은 김부식에게 평양에 가서 사람을 많이 죽이지 말라고 당부하였습니다. 날씨는 춥고 눈조차 내려 김부식이 거느린 군사는 평양에 이르기도 전에 사기가 꺾였습니다. 부하 장수들은 모두 속전 속결(싸움을 오래 끌지 않고 빨리 끝장을 냄)을 하자고 서둘렀으나, 김부식의 생각은 달랐습니다.

"서경이 반역을 계획한 지 오래 되어 모든 준비가 빈틈없을 것이다. 그들이 지친 다음에 쳐야 한다."

김부식은 평양에 사람을 보내어 타일렀습니다.

"지금이라도 귀순(반항하거나 반역하려는 마음을 버리고 스스로 돌아서서 따라오거나 복종함)하는 자는 생명을 구할 수가 있다."

묘청과 함께 반란을 일으킨 조광은 김부식이 거느리고 온 관군이 평양을 포위하자 이길 자신이 없었습니다. 마음 같아서는 얼른 귀순하고 싶었습니다. 그러나 지은 죄가 너무 커서 용서받지 못할 것 같았습니다. 그래서 묘청의 목을 베어 가지고 김부식에게 글을 보냈습니다.

'**삼가** 원수의 귀순 명령을 받들어 묘청의 목을 베어 임금께 바칩니다.'

김부식은 그런 사실을 조정에 알렸습니다. 그런데 조정에서는 묘청의 목을 가지고 간 윤첨을 잡아 가두고, 또 김부식이 보낸 백녹진을 오히려 꾸중하였습니다.

"김부식은 곧장 서경에서 적을 칠 계획을 하지 않고 늑장을 부렸다. 그래서 우리가 사신을 보내 타일러 조광이 묘청의 목을 베어 바친 것이다. 어찌 이 일이 너희들 **공로**(어떤 일에 이바지한 공적과 공로)라 하느냐?"

윤첨이 갇혔다는 소식을 들은 조광은 다시 무기를 들고 관군과 싸우기로 했습니다. 김부식도 이젠 성을 공격할 수밖에 없었습니다.

김부식은 될 수 있으면 사람을 살상하지 말라는 임금의 뜻을 따르려 하였습니다. 그러나 **무작정**(좋고 나쁘고를 헤아림이 없음) 기다릴 수만도 없었습니다. 그래서 마침내 총공격을 감행하기에 이르렀습니다.

이튿날 새벽, 관군은 일제히 함성을 지르며 겹성을 허물고 공격했습니다. 조광의 군사는 뜻밖의 습격에 놀라

도망하기에 바빴습니다. 관군은 승리의 기세를 몰아 마구 사람을 죽였습니다.

이에 김부식은 엄중한 군령을 내렸습니다.

"적을 사로잡는 사람은 상을 주겠다. 그러나 죽이거나 재물을 약탈한 자는 사형에 처한다."

그날 밤 조광은 가족과 함께 불을 놓아 스스로 죽고 말았습니다. 이로써 묘청의 난은 1년이 지난 후에야 평정되었습니다.

김부식은 문무를 겸비한 재상이었습니다. 싸움터에 나가면 원수로서 위엄과 지략이 뛰어나고, 조정에 들어와서는 바른 도리로 임금을 섬겼습니다. 그가 인종 23년(1145년)에 왕의 명을 받고 지은 《삼국사기》는 지금까지 전하는 우리나라 역사책으로서 가장 오래 된 귀중한 것입니다.

인종 24년 2월 인종은 38세의 젊은 나이로 승하(임금이 세상을 떠남)하였습니다. 태자 현이 왕위를 이어 의종이 되었습니다.

의종

인종의 뒤를 이어 왕위에 오른 의종은 천성이 술과 노는 것 밖에 모르는 방탕한 임금이었습니다. 당시 조정에는 아버지인 인종이 아낀 훌륭한 신하들이 많았습니다.

그러나 의종은 선왕과는 달리 누구의 간섭도 받지 않고 마음대로 잔치를 벌이고 방탕한 생활을 즐겼습니다. 의종은 특히 격구를 즐겼습니다. 날마다 궁중에서 무인들을 불러 놓고 격구를 하다가 잘한 사람이 있으면 상을 주었습니다.

의종은 또 피리를 잘 불고 시를 잘 지었습니다. 문신들과 잔치할 때 흥이 나면 일어나 피리를 불고 춤을 추었습니다. 정사는 돌보지 않고 날마다 경치 좋은 곳을 찾아다니며 연회를 베풀었습니다. 이렇게 되자 왕의 신임을 받는 것은 광대(지난날, 줄타기나 판소리·가면극 따위를 하던 사람을 통틀어 이르던 말)나 내시들 뿐이었습니다.

의종은 곳곳에 화려한 놀이터를 짓고도 다시 중미정이란 정자를 지었습니다. 사방에는 못을 파고, 갈대를 심고 기러기를 길렀습니다. 이 중미정을 팔 때 부역을 나온 일꾼들은 돈을 받기는커녕 양식도 집에서 가져와 먹어야 했습니다.

백성의 피와 땀을 이런 놀이에 허비한 왕인데도 백성들의 원망 소리가 들리지 않았습니다.

이런 임금이 오래 갈 리가 없었습니다. 드디어 패망의 날이 왔습니다. 의종 24년(1170년) 8월, 무신 정중부, 이의방, 이고 등이 마침내 난을 일으켰습니다. 그날도 왕은 가까운 신하들을 데리고 화평재란 곳에서 연회를 베풀고 술을 마시며 놀았습니다. 왕을 호위해 온 무신들은 하루 종일 뙤약볕에서 잔치가 끝나기를 기다리자니 심사가 뒤틀렸습니다.

"문신들만 사람이냐?"

이의방이 정중부의 귀에 대고 속삭인 말이었습니다. 정중부는 마루 위에서 거들먹거리고 있는 김돈중을 쏘아보았습니다. 김돈중은 김부식의 아들인데 아버지와는 달리 행동이 경박하였습니다.

인종 11년 섣달 그믐날이었습니다.

당시 궁중에서는 섣달 그믐이면 '나례'라는 행사를 크게 거행했습니다. 당시 정중부는 젊고 풍채(사람의 드러나 보이는 의젓한 겉모양)가 좋았습니다. 그래서 자연히 여러 사람의 시선이 그에게 쏠렸습니다. 김돈중은 자신보다 더 인기를 끌고 있는 그 장수가 아니꼬웠습니다. 그러던 차에 갑

자기 실내의 모든 불이 꺼졌습니다. 김돈중은 하인이 새로 붙여온 촛불을 슬그머니 정중부의 그 멋있는 수염에다 댔습니다. 수염은 뿌지직 소리를 내며 오그라들었습니다.

"어떤 놈이냐?"

새파란 젊은이에게 모욕을 당한 정중부는 화가 치밀어 우선 주먹이 먼저 날아갔습니다. 겨우 의종의 도움으로 벌만은 면할 수 있었습니다.

왕은 다시 8월 30일에 연복정에서 또 잔치를 베풀고 놀았습니다. 한참 놀고 난 왕은 자리를 보현원으로 옮기려고 하였습니다. 술이 거나해진 왕은 무신들의 불만에 가득 찬 얼굴을 보았습니다. 의종은 본래 무신들을 좋아하였습니다. 그래서 놀이에 참석하지 못한 무신들에게 시합을 시켰습니다.

"시합에 이기는 자는 푸짐한 상을 받을 것이다."

곧 수박희란 무술 시합이 벌어졌습니다. 다소 흥이 난 무신들은 계급에 상관없이 기량을 겨루었습니다. 의종은 묘기(절묘한 재주, 절묘한 기술)가 나올 때마다 아이들처럼 박수를 치며 좋아했습니다. 그러자 이번에는 문신들이 불만스러웠습니다. 그런데 이소응이 수박희에서 졌습니다. 왕의 곁에 있던 한뢰란 문신이 이소응의 뺨을 철썩 때리며 조롱했습니다.

"네가 무슨 대장군이냐? 직책이 아깝구나."

그러자 정중부가 가로막고 나섰습니다.

"이놈 한뢰야! 이소응이 비록 무인이지만 벼슬이 3품이다. 어찌 그런 모욕을 준단 말이냐?"

이를 본 의종이 말려 조금 수그러졌습니다. 연회가 파하고 인종의 행차가 보현원 가까이에 이르렀을 때였습니다.

그동안 참고 있던 장수 이고가 화를 참지 못하고 문신 몇 사람을 닥치는 대로 베었습니다. 한뢰는 도망하여 인종의 침상(누워 잘 수 있게 만든 평상) 아래로 숨었습니다. 정중부도 인종의 방으로 달려갔습니다.

인종이 보는 앞에서 한뢰를 죽인 정중부는 곁에 있는 문신들을 모조리 죽였습니다. 그 자리에서 죽은 문신은 모조리 웅덩이에 버려졌습니다. 백성들은 그 웅덩이에 조정의 신하가 모두 빠졌다 하여 '조정침'이라고 불렀습니다.

정중부는 칼로 왕을 위협하여 궁궐로 들여보냈습니다. 이런 난동 속에서도 살아난 두 사람의 문신이 있었습니다. 그 중 한 사람이 평장사를 지낸 최유정으로, 평소 무신들에게도 존경을 받았습니다. 정중부는 군사를 시켜 최유정의 집을 지키게 하여 난동꾼이 들어가 행패를 부리지 못하게 하였습니다.

또 평소 왕에게 바른 소리를 잘하던 문극겸은 숙직을 하다가 난리 소식을 듣고 도망쳤습니다.

김돈중은 산으로 들어가 숨었습니다. 정중부는 현상금을 걸고 김돈중을 찾았고 마침내 김돈중도 붙잡혀 정중부의 손에 죽음을 당했습니다.

정중부는 죽은 문신들의 집을 모두 헐어 버리려고 했습니다. 그러자 진준이란 자가 말렸습니다.

"우리가 미워한 사람은 한뢰, 이복기 등 불과 몇 사람이었소. 지금 무고한 문신들을 다 죽인 것은 너무 심한 일이오. 그런데 또 그들의 집마저 헐어 버린다면 그들은 어떻게 살아가겠소?"

그러나 이의방 일당은 말을 듣지 않고 집을 모조리 헐어 버렸습니다. 이 때부터 무인들은 원수진 집안이 있으면 집까지 허는 것이 관례(이전부터 해 내려와서 습관처럼 되어 버린 일)가 되었습니다.

그해 9월, 방탕한 생활로 자기 무덤을 판 의종은 거제도로 추방을 당하고 말았습니다. 정중부는 처음에 왕을 죽이거나 쫓아낼 생각까지는 하지 않았습니다. 그런데 환관 왕광취 등이 정중부를 토벌할 계획을 세우다가 사전에 발각된 사건이 벌어졌습니다.

 정중부는 이를 의종이 시킨 것으로 여겨 왕을 거제도로, 태자는 진도로 귀양을 보냈으며, 왕의 어린 손자들까지 모조리 죽였습니다.

 의종이 폐위되고 명종 3년에 동북면 병마사 김보당이 정중부 등을 토벌하고 의종을 복위시키겠다고 군사를 일으켰습니다. 그러나 그 일 역시 실패하고 말았습니다. 그것은 의종의 목숨만 재촉(어떤 일을 빨리 하라고 시킴)하는 결과가 되었습니다.

 명종 3년(1173년), 의종은 경주에 머물고 있었습니다. 그런데 개성에서 이의민이 군사를 거느리고 경주로 내려왔습니다. 이의민은 힘이 세고 무술에 뛰어나 평소 의종으로부터 큰 사랑을 받기도 하였습니다.

 이의민이 경주에 왔다는 소식이 전해지자 이의민이 본래 유명한 불한당(떼를 지어 다니는 강도)이라는 것을 아는 사람들은 공포에 떨었습니다. 사실 경주 사람들은 의종을 옛 왕이라 하여 잘 보호하고 있었는데, 그 죄를 물으러 온 것으로 생각했습니다.

 이의민은 왕을 지키고 있던 장순석 등을 죽이고 왕을

객사에다 가두었습니다. 다음날 의종을 끌고 곤원사 북쪽 연못에 가서 왕의 등뼈를 꺾어버렸습니다. 우왁스런 힘에 등뼈 부러지는 소리가 났습니다.

"하하하, 내 힘은 여전하구나!"

이렇게 죽인 의종의 시체를 연못에 버렸습니다.

이때 의종의 나이 47세였습니다. 의종이 죽기 3년 전 정중부의 추대로 왕위에 오른 이는 의종의 아우 명종입니다.

명종

정중부 일당은 의종을 내쫓고 명종을 세웠지만, 처음부터 왕은 허수아비(쓸모없거나 실제 권력이 없는 사람을 비유하여 이르는 말)였습니다. 문신들을 다 죽인 무신들은 이번에는 자기들끼리 싸우기 시작했습니다. 무신 중에도

대장군 한순은 온건한 편이었는데, 어느 날 부하 장수들에게 불평을 털어놓았습니다.

 불평을 들은 이의방은 함께 있었던 사람들까지 모조리 죽여버렸습니다.

 또 이고는 처음 정중부 일당이 난을 꾸밀 때 함께 거사했던 인물입니다. 그런데 정작 공은 이의방과 정중부가 다 차지하고 자기는 따돌림을 받은 기분이었습니다. 하루는 왕이 연회를 베풀었습니다. 이고는 거기에 참석하는 자기 부하들에게 칼을 감추어 가지고 가게 했습니다. 이의방을 죽일 셈이었습니다. 그런데 이런 계획을 장군 채원이 알고는 이의방에게 밀고를 했습니다.

　이의방은 이고 일당을 모조리 죽이고, 이고의 어머니까지 죽였습니다. 이번에는 이의방의 행패를 보다 못한 중들이 들고일어났습니다. 중광사, 홍호사 등의 중 2천여 명이 무기를 들고 개성으로 밀려와서, 닫힌 성문을 불태우고 들어가 이의방을 죽이려 했습니다. 그래서 중들과 이의방의 군사들은 크게 싸워 많은 희생자를 냈습니다.

　이의방의 행패(체면에 벗어나는 거친 짓을 함)는 거기서 그치지 않았습니다. 자기 딸을 억지로 태자비로 삼는가 하면 의종의 궁녀들을 데리고 살았습니다.

　명종 4년(1174년) 9월에는 서경 유수 조위총이 정중부와 이의방을 치겠다고 군사를 일으켰습니다. 조위총의 명분은 이들이 왕을 죽이고 장사도 지내지 않았다는 것이었습니다.

　조위총의 군사는 막강(더할 수 없이 강함)했습니다. 또 평양을 비롯한 여러 고을이 거기에 합세했습니다. 조정에서는 윤인첨을 보내 조위총을 치게 했으나 번번이 실패하고 말았습니다.

　서경의 조위총을 아직 치지 못하고 있던 그해 12월이었습니다. 개성에서는 정중부의 아들 정균이 이의방을 죽인 사건이 발생했습니다.

　정균은 생각했습니다.

　'저놈이 하는 짓을 보면 언제 우리 집안이 화를 당할지 모른다. 늦기 전에 없애야 하겠다.'

　때마침 군사들이 서쪽 교외에서 훈련을 하고 있었습니다. 정균의 명을 받은 승군들은 이의방을 뒤따르다 죽이고 그의 형 이준의 목도 베었습니다. 또 중들은 궁궐을 향해, 반역자의 딸을 태자비로 둘 수 없다고 외쳤습니다. 그래서 이의방의 딸은 궁중에서 쫓겨났습니다.

　명종 5년 5월에서야 의종이 죽은 것을 발표하였습니다. 2년 동안 조정에서는 의종이 죽은 사실을 숨기고 있었습니다. 그런데 조위총이 계속 전왕의 시해 전말(일의 처음부터 끝까지 진행되어온 과정)을 밝히라고 요구했기 때문에 더 감출 수가 없었던 것입니다.

　조위총의 난은 일어난 지 3년 되던 명종 6년(1176년)에야 평정되었습니다. 이때 서경에는 식량이 다하여 사람의 시체를 뜯어먹으며 항전을 계속했습니다. 평양성을 포위한 윤인첨은 포로가 된 자가 있으면 옷과 먹을 것을 후히 주어 놓아 보냈습니다.

그러자 성 안 사람들은 너도나도 항복을 해왔습니다. 마침내 성 안에서 반란이 일어나 조위총의 목을 베고 항복하였습니다.

조위총의 난은 평정(평온하게 진정시킴)되었지만 곳곳에서 반란이 끊이지 않아 나라 안이 어수선하였습니다. 그러던 명종 9년(1179년) 9월의 일이었습니다. 이의방을 제거하고 난 정중부 부자와 정중부의 사위 송유인은 더는 두려울 게 없었습니다. 정균은 왕을 위협하여 공주에게 장가를 들겠다고 나섰습니다. 나약한 왕은 대답을 못하고 고민에 빠졌습니다.

이 소식을 듣고 분개한 젊은 무장 경대승은 허승을 꾀어냈습니다. 허승은 본래 정균에게 신임을 받는 무신이었습니다.

어느 날 밤, 허승은 정균이 숙직하는 방으로 들어가 그의 목을 쳤습니다. 그리고 휘파람을 불었습니다. 그것을 신호로 경대승은 결사대를 이끌고 궁궐로 들어가 반항하

는 자들을 모조리 죽였습니다.

그리고 왕의 침전으로 가서 아뢰었습니다.

"신 경대승 등이 나라를 위해 정균 일당을 죽였으니, 전하께서는 두려워하지 마십시오."

명종은 누가 누구를 죽이고 권력을 잡거나 이제 관심조차 없었습니다. 그 사람이 그 사람이었기 때문이었습니다. 경대승은 왕명을 받아 정중부, 송유인 등을 체포(죄인을 쫓아가서 잡음)하였습니다. 그래서 모두 목을 베어 거리에 내걸어 백성들에게 보였습니다.

천하의 악당 이의민도 그때까지 조정에서 벼슬을 하고 있었습니다. 이 소식을 들은 이의민은 겁이 났습니다. 그래서 힘센 장사를 모아 집을 지키고 자기가 사는 동네에다 대문을 세우고 울타리를 만들어 방비하였습니다. 두려운 건 경대승도 마찬가지였습니다. 일부 무신들이 경대승을 비난하기 시작했습니다.

그래서 경대승은 결사대 1백 명을 뽑아 자기 집에 두고 이를 도방이라 하였습니다. 그리고 벼슬을 그만두고 집에 있으면서 나라에 큰일이 있을때만 참여하였습니다.

여러 차례 내란을 겪으면서 왕은 더욱 내성적인 성격이 되었습니다. 그러다 경대승이 정중부 등을 죽이자 비로소 숨을 안도하고 지금까지 못했던 놀이와 유흥에 재미를 붙여 점점 방탕(주색에 빠져 행실이 추저분함)한 임금이 되어갔습니다.

경대승은 정중부나 이의방에 의하면 상당히 온건한 인물이었습니다. 자기를 도와 정중부 일파를 제거하는데 큰공을 세운 허승 등이 동료를 믿고 방자한 짓을 하자 그들을 단호하게 처단하였습니다.

그는 무장이었지만 학식 있는 자들을 존중하고, 자기를 따르는 무신도 무식하고 욕심이 많은 자는 경멸했습니다. 그래서 무신들이 함부로 날뛰지 못하였습니다.

그러나 명종 12년 7월, 경대승은 30세의 젊은 나이로 죽고 말았습니다. 그가 죽자 길가는 사람들조차 슬퍼하여 울지 않는 자가 없었습니다.

경대승이 죽자 명종은 사람을 이의민에게 보내 공부상서로 기용하였습니다. 한동안 나라에 별다른 사건이 일어나지 않아 조용한 듯하였습니다. 무신들은 주먹을 쓸 데가 없어 심심하였습니다. 이의민과 두경승은 힘이 비슷하였습니다. 조정에서 두 사람이 만나면 항상 으르렁거렸습니다.

이의민이 주먹으로 기둥을 치면 대들보(건물의, 칸과 칸 사이의 두 기둥 위를 건너지른 나무)가 울리고, 그러면 두경승은 주먹으로 벽을 치는데, 주먹이 벽을 뚫고 밖으로 나갔습니다. 명종 23년(1193년)에 남쪽에 김사미란 도적이 운문산을 거점으로 백성을 괴롭혔습니다. 왕은 대장군 전존걸을 보내 토벌하게 하였습니다.

전존걸의 부장 가운데는 이의민의 아들 이지승도 끼여 있었습니다. 전존걸은 청도에 내려가 운문산을 포위하여 적을 토벌하는데 매번 작전계획이 누설되어 적에게 패하고 말았습니다.

이상하게 여긴 전존걸은 적과 내통하는 자가 누구인가 조사해 보았더니 다름 아닌 이지순이었습니다. 이의민은 엉뚱한 꿈을 꾸고 있었습니다. 한번은 이의민이 붉은 무지개가 양쪽 겨드랑이에서 돋아난 꿈을 꾸었습니다. 또 왕씨는 12대에서 끝나고 '십팔자', 즉 이씨가 왕이 된다는 말이 떠돌았습니다. 이의민은 그 이씨가 바로 자신을 가리키는 것으로 생각하였습니다.

'어디 나라고 왕이 못지 말라는 법이 있느냐?'

그래서 김사미 등의 세력을 이용하기로 하고 내통했던 것입니다. 전존걸은 이지순의 행위가 군법(군대의 형법, 군대에서 지켜야 할 규칙)으로 처단해야 마땅한데도 뒤에 도사리고 있는 이의민이 두려웠습니다.

이런 이의민이 오래 권세를 누릴 수는 없었습니다. 이의민에게는 또 이지영이란 아들이 있었습니다. 이지영은 아비의 권세를 믿고 왕이 사랑하는 궁녀를 차지하는 등

못할 짓이 없었습니다. 그러던 이지영이 최충수란 낮은 관리를 건드린게 사건의 발단이 되었습니다.

 어느 날 왕은 보제사로 행차하고, 이의민은 병이 났다면서 몰래 산에 있는 별장으로 갔습니다. 최충수는 그 틈을 이용했습니다. 그래서 최충헌은 생질인 박진제와 친척인 노석숭 등과 함께 소매 속에 칼을 감추고 별장 문 앞에 가서 기다리고 있었습니다.

저녁때가 되자 이의민은 집으로 돌아가려고 문을 나섰습니다. 그때 숨어 있던 최충헌과 최충수가 뛰어나와 덤벼들었습니다.

기습을 받은 이의민은 최충헌이 휘두르는 칼에 목이 떨어졌습니다. 이의민의 부하들은 모두 도망가고 말았습니다. 노석숭이 이의민의 목을 저자(시장에서 물건을 파는 가게) 거리에다 매달았습니다.

최충헌과 최충수는 본래 힘이 세고 담력이 뛰어났습니다. 성격이 포악하여 이의민과 다를 바 없는 무식한 불한당이었습니다. 최충헌 형제는 지난번 정중부가 난을 일으켰을 때처럼 닥치는 대로 조정의 신하들을 죽였습니다.

최충헌이 정권을 잡자 그는 백성들의 환심을 살 만한 열 가지 정책을 왕에게 건의하였습니다. 아주 그럴 듯한 내용이었습니다.

"관제(국가 행정기관의 조직, 명칭, 설치 권한 등을 정한 규칙)를 줄이고 능력있는 인물에게 직책을 맡기고 빼앗은 토지는 모두 백성에게 돌려줄 것이다. 그리고 세력 있는 자가 백성들의 재산을 빼앗지 못하며 사치를 금하고 바른 말 잘하는 사람을 가려 조정에 있도록 한다."

해가 바뀐 명종 27년(1197년), 최충헌 등은 왕을 바꾸기로 했습니다. 명종은 정중부 등이 내세운 왕입니다. 최충헌은 우선 왕의 측근들을 귀양보내고 벼슬을 빼앗았습니다.

그런 다음 궁궐로 들어가 왕을 위협하여 창락궁에 가두고 태자와 태자비는 강화도로 내쫓았습니다. 그리고 계획대로 민을 맞아 왕위에 즉위시키니 이가 바로 신종입니다.

명종은 창락궁에 갇힌 지 5년만인 신종 5년 11월에 병으로 죽었습니다.

신종

명종을 창락궁에 가둔 최충헌 일당은 신종을 내세워 자기들 멋대로 권력을 휘둘렀습니다. 최충헌은 삼한대광상장군주국이 되고, 최충수는 대장군이 되었습니다.

그런데 권력 앞에는 형제의 의리도 없었습니다. 최충수는 평소 형에게 불만이 많았습니다. 처음 이의민을 없앨 계획을 세운 것은 자기였습니다. 그러나 일이 성공하자 매사를 형 혼자 독단하였습니다.

최충수에게는 딸 하나가 있었는데 그는 자기 딸을 태자비로 삼을 생각이었습니다. 태자에게는 이미 비가 있었기 때문에 왕은 얼른 대답을 못하고 우물쭈물(말이나 행동을 분명하게 하지 못하고 머뭇거리면서 흐리멍덩하게 하는 모양)하였습니다.

　최충수는 왕을 협박했습니다. 왕은 할 수 없이 태자비를 궁중에서 내쫓았습니다. 그러자 최충헌이 동생을 달랬습니다.

　"지금 우리 권세가 나라를 지배하고 있지만 만일 네 딸을 태자비로 삼는다면 백성들이 우리를 비방할 것이다. 그리고 이미 태자에게는 비가 있는데 쫓아낼 수 있느냐? 지난번 이의방이 그의 딸을 태자비로 삼았다가 마침내 목숨을 잃었는데 너도 그 뒤를 밟을 셈이냐?"

형이 간곡히 말리자 최충수는 사과했습니다. 그러나 최충수는 아무래도 미련이 남았습니다. 최충수는 1천여 명의 군사를 이끌고 궁궐을 습격했습니다. 흥국사 남쪽에서 양쪽 군사가 마주쳐 싸웠습니다. 최충헌과 맞선 최충수는 크게 패해 도망하기 시작했습니다. 임진강까지 도망한 최충수는 결국 추격한 군사에게 죽고 말았습니다.

이로써 형제간의 살육은 끝나고 모든 권한은 최충헌이 독차지하였습니다. 나라가 이 지경이 되자 무신들 사이에 누구나 출세할 수 있다는 욕심이 생겼습니다. 그런데 이런 생각은 무인들만 아니라 노예들도 마찬가지였습니다.

최충헌 집의 종으로 있던 만적도 불평(마음에 들지 않아 못마땅하게 여김)을 털어놓았습니다.

"왕후장상이 씨가 있는 게 아니다. 우리들이라고 평생 노예로 살 수는 없지 않은가?"

"그렇다. 개성의 종들은 정해진 날 모두 흥국사에 모이자. 그런 다음 최충헌을 죽이고, 자기 주인을 죽이고 종문서를 불태워 버리자."

이렇게 약속을 했습니다. 그러나 약속한 날 모인 사람

은 불과 몇 명이 되지 않았습니다. 그래서 다시 보제사에서 만나기로 하고 날짜를 연기했으나 그 사이 밀고(남몰래 넌지시 일러바침, 고자질함)자가 생겼습니다.

한충유의 종 순정이란 자가 주인에게 그런 사실을 밀고한 것입니다. 그래서 만적 등 1백 명을 잡아 강물에 던져 죽였습니다. 이때가 신종 1년(1198년) 5월이었습니다.

곳곳에서 다시 최충헌을 없애기 위해 난이 일어났습니다. 황주 목사 김준기가 신종 2년(1199년)에 난을 일으켰으나 실패했습니다. 최충헌은 신변의 위험을 느낀 나머지 도방을 자기 집에 설치하였습니다.

도방이란 문무 관리와 힘이 센 군졸을 모아 번을 나누어 교대로 자기 집에 숙직하도록 한 제도입니다. 신종 7년(1204년) 정월, 신종은 갑자기 등창이 나 앓기 시작하더니 점점 위독해졌습니다. 왕은 최충헌을 불러 왕위를 태자에게 물리겠다고 하고 최충헌에게 태자를 부탁했습니다.

태자 영이 왕위를 이어 희종이 되었습니다.

희종

왕위에 오른 희종은 최충헌의 벼슬을 높이고 전답과 노비를 더 많이 하사(왕이나 국가 원수 등이 아랫사람에게 금품을 줌)하였습니다. 그리고 '진강후'란 칭호를 주고 따로 독립된 부서를 만들어 관리를 데리고 일하도록 하였습니다.

최충헌의 조카 박진재는 처음 이의민을 칠 때 외삼촌을 도와 일을 성사시켰습니다. 그 후 무슨 일이 있으면 꼭 큰외삼촌인 최충헌 편에 서서 일을 했습니다. 그런 박진재이기 때문에 작은외삼촌인 최충수를 제거할 때도 최충헌을 도와 싸웠습니다. 박진재 역시 그런 공으로 권세와 부귀를 누렸습니다.

그런데도 한편으로는 불만이 컸습니다.

"최충헌만 없다면 내가 나라를 마음대로…."

이 말이 금방 최충헌의 귀에 들어갔습니다. 최충헌은 부하를 시켜 박진재의 다리 힘줄을 자른 후 백령도로 귀양을 보냈습니다. 박진재는 두 달 후 병으로 죽었습니다.

최충헌의 집 창고에는 나라 창고보다 더 많은 곡식이 쌓여 있었습니다. 그는 사람들에게 이렇게 변명(자신의 언행 따위에 대하여 남이 납득할 수 있도록 설명함)했습니다.

"이 곡식은 내 것이 아니다. 나라에 큰 일이 생기면 그

때 쓸 것이다."

희종은 나이가 들자 정치를 직접 해보고 싶었습니다. 그래서 희종은 가까운 내시 왕준명 등과 최충헌을 제거할 모의를 하였습니다. 그러던 어느 날이었습니다. 최충헌이 수창궁으로 왕을 뵈러 들어왔습니다. 이때를 틈타 갑자기 중과 10여 명의 무사들이 칼을 들고 최충헌의 호위병(따라 다니면서 신변을 보호해주는 병사)을 공격했습니다.

이 소식을 들은 최충헌의 아들 최우와 외숙 정숙첨 등이 중방에 있다가 달려왔습니다. 궁궐 밖에 있던 최충헌의 군사들이 대궐문을 부수고 안으로 들어와 싸웠습니다.

최충헌은 이런 일이 있자 왕을 강화도로 옮겼다가 얼마 후 다시 자연도로 보내고, 태자는 인천으로 귀양을 보냈습니다. 희종은 왕위에서 쫓겨난 지 27년 후에 57세로 승하하였습니다.

최충헌은 한남공 정에게 왕위를 잇게 하여 강종이 되었습니다. 그러나 이때 강종은 60세가 넘은 나이였습니다. 즉위한 지 2년만에 강종은 태자에게 왕위를 물려주고 승하하고 말았습니다.

고종

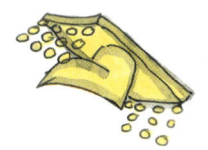

강종의 뒤를 이은 고종은 최충헌의 부인에게 높은 지위를 내려 비위(아니꼽거나 언짢은 일을 잘 견디어 내는 힘)를 맞추었습니다. 고종 3년(1216년) 8월, 거란의 유민인 금산왕자, 금시왕자가 고려를 침입해 왔습니다.

이들은 몽고 군사에게 쫓겨 동쪽으로 옮기면서 금나라 군사와 싸워 이겼습니다. 그들은 아아, 걸노 두 장수에게 수만 군사를 이끌게 하고 압록강을 건너 쳐들어왔습니다. 그리고는 곡식과 재물을 약탈해 갔습니다.

이때부터 그들은 걸핏하면 처자들까지 이끌고 들어와 마음대로 짓밟곤 했습니다. 이때 국경을 지킨 고려 장수 노인수는 부처에게 불공(부처 앞에 음식이나 꽃 등을 바치면서 비는 일)만 드리고 있었습니다. 그러다 정작 적이 공격해 오자 성을 버리고 도망가고 말았습니다.

놀란 조정에서는 서둘러 장수 김취려를 보내 거란군을 막게 하였습니다. 적병은 벌써 의주 지방을 지나 인근 고을들을 포위하고 있었습니다.

최충헌은 변방에 적이 쳐들어왔다는 보고를 가지고 온 자가 있으면 그런 사소한 일로 번거롭게 한다하여 꾸짖었습니다. 그래서 변방 장수들은 적이 깊숙이 들어올 때까지 조정에 아무런 보고도 하지 않았습니다.

 김취려는 개평역에 진을 치고 적의 동태를 살폈습니다. 적의 움직임이 보이지 않았습니다. 김취려는 군사들에게 일제히 공격하도록 명령했습니다. 이 날 김취려의 군사는 세 번 다 이겼습니다. 그러나 김취려는 이 싸움에서 큰아들을 잃었습니다. 목을 벤 자가 2천4백이었으며, 강물에 빠져 죽은 자가 1천이 넘었습니다.

 하지만 패한 적은 다음 달에 다시 침입해 왔습니다. 이번 싸움도 처음에는 아군의 승리로 보였습니다. 그러나 이번 적의 규모는 김취려의 군사로는 당할 수가 없는 많은 숫자였습니다.

 적이 평양까지 들어왔다는 소식을 들은 조정에서는 조충을 장수로 삼아 거란에 대비(앞으로 있을 어떤 일에 대응하여 미리 준비함)할 새 계획을 세웠습니다. 개성에 사는 모든 장정은 모두 군대에 편입되었습니다. 지금까지 군대 편입에서 제외되던 과거 급제자와 중들까지 모으니 수만 명의 군대가 모아졌습니다.

 이때 원수는 정숙첨이었습니다. 최충헌은 이렇듯 나라가 어지러울 때에도 자신의 신변보호(몸 또는 몸의 주변을 잘 돌보아 지킴)가 더 급했습니다. 싸움터에서는 강한 적을 맞아 피를 흘리는데 최충헌은 자기 사병들을 모아 놓고 전쟁놀이를 했습니다.

이듬해 고종 4년(1217년), 적군이 곧 개성까지 오리라는 소문이 퍼졌습니다. 그러던 중 최충헌을 암살하려던 사건이 터졌습니다. 여러 절에서 나온 승군들이 최충헌을 죽이려 한 것입니다. 승군들은 문을 부수고 들어가 문지기를 죽였습니다. 그런 다음 최충헌의 집으로 향했습니다.

성문을 부순 승군이 자기를 치기 위해 난을 일으켰다는 소식을 들은 최충헌은 자기 군대를 동원했습니다. 시가전이 벌어졌는데 승군의 우두머리가 화살을 맞고 쓰러졌습니다. 사기를 잃은 승군은 최충헌의 군사를 당하지 못하고 뿔뿔이(저마다 따로따로 흩어지는 모양) 도망하고 말았습니다.

최충헌은 개성 근처의 절을 샅샅이 뒤져 도망한 승군을 죽이고 정숙첨을 소환했습니다. 정숙첨은 최충헌의 아들 최우의 장인이었습니다. 정숙첨은 최충헌과 사돈을 맺은 다음 그 권세를 빌려 나쁜 짓을 많이 저질렀습니다.

그래서 불러다가 귀양을 보냈습니다. 잠시 주춤하던 적은 3월에 다시 쳐들어왔습니다. 3만 명의 적을 만나 조충은 제대로 싸워 보지도 못하고 패했습니다.

한편, 조중은 적과의 첫 싸움에 패했다 하여 파면을 당했습니다. 그러나 계속 아군이 싸움에서 패배하자 다시 서북면 병마사가 되어 싸우게 되었습니다. 이때 김위려는 여주 근처에서 적과 대치하고 있었습니다.

그해 11월, 김취려는 진중에서 갑자기 병을 얻었는데 그 병이 날로 심해졌습니다. 그러자 김취려를 아끼는 부장들이 그 소식을 조정에 알려 왕명으로 소환하였습니다.

김취려가 떠나자 기회를 엿보던 적은 다시 침략해 왔습니다. 그래서 예주가 다시 적의 수중에 들어가고 말았습니다.

고종 5년(1218년), 최충헌은 나이 70세가 되어 벼슬에서 물러나겠다는 뜻을 밝혔습니다. 그러나 진심이 아님을 안 왕은 그대로 정사를 보게 했습니다. 그해 7월, 거란은 다시 군사를 동원해 고려의 변방을 침략하였습니다. 이번에도 조충과 김취려가 나가 싸워야 했습니다.

조충은 우선 군기를 바로 세웠습니다. 문관이라 하여 얕잡아보던 군사들이 그 위엄에 따르기 시작하자 사기(싸우려 하는 병사들의 씩씩한 기개)가 충천하였습니다. 조충의 군사는 적을 은산에서 맞아 크게 물리쳤습니다.

또 서북면 병마사 김군수는 거란군을 숙주에서 역시 격퇴시켰습니다. 이때 마침 조충의 진영에 몽고 장수 합진이 보낸 사자가 찾아왔습니다.

"우리 몽고에서도 이번에 3만의 군사를 동원해 거란을 치려고 합니다. 그러니 귀국에서 군량(군대의 양식)을 대주면 우리 몽고 황제께서는 고려와 황제의 나라가 되겠다고 하셨습니다."

조정에서는 몽고군의 요구를 들어주었습니다. 그래서 김양경이 군사 1천과 식량 1천 석을 가지고 가자 합진은 잔치를 베풀어 환영했습니다.

고종 6년(1219년), 조충과 김취려는 몽고군과 함께 거란을 공격해 크게 이겼습니다. 합진은 군사를 더 보내라고 독촉했습니다. 김취려가 군사를 이끌고 몽고 진영에 도착해 합진 군사와 합쳐 거란군을 무찔렀습니다.

그리하여 궁지에 몰리자 적의 괴수(악당의 두목) 감사왕자는 목을 매어 죽고 나머지는 항복하고 말았습니다.

조충이 돌아오는 날 합진은 거란의 포로 7백 명과 그동안 납치됐던 고려 백성 2백 명을 돌려주었습니다. 그리고 개인적으로 많은 선물을 주었습니다.

개성으로 돌아온 조충은 합진에게서 얻은 7백 명의 거란 포로를 각 지방으로 나누어 보내 농토를 개간해 살도록 주선했습니다. 이때부터 그들이 사는 곳을 거란장이라 불렀습니다.

조충과 김취려가 개선하자 최충헌은 시기하는 마음이 생겼습니다. 그래서 개선하는 군사를 맞이하는 행사를 생략하고 논공 행상도 제대로 하지 않아 원망하는 군사들이 많았습니다.

그해 9월, 24년 동안 정권을 잡고 흔들던 최충헌이 병이 났습니다. 최충헌은 악공 수십 명을 자기 집으로 불러 풍악을 울리면서 병마를 내쫓으려고 했지만 죽고 말았습니다. 최충헌의 장례식은 왕의 장례식보다 더 성대(아주 성하고 크다)하게 치루었습니다.

최충헌에게는 우와 향이란 아들이 있었는데, 작은 아들 향이 더 똑똑했습니다. 그러나 최충헌의 병이 깊어지자 측근들은 평소 최우와 틈이 있었으므로, 최우를 죽이고 최향을 세우려는 모의를 했습니다.

이런 눈치를 챈 최충헌은 최우를 불러 미리 대비하도록 일렀습니다. 그런데 최향을 세우기로 모의한 사람 가운데 밀고자가 있었습니다. 그래서 모두 잡혀 귀양을 가고, 최충헌의 뜻대로 최우가 후계자가 되었습니다.

최충헌에 이어 국권을 잡은 최우는 동생 최향을 섬으로 귀양보냈습니다. 그는 또 백성들에게 환심을 사기 위해 탐관오리(욕심이 많고 행실이 깨끗지 못한 벼슬아치)를 몰아내고 자기 아버지가 모은 보물을 왕에게 바치는 한편, 빼앗았던 토지를 옛 주인에게 돌려주었습니다.

또 시골 선비를 등용하여 벼슬을 시켰습니다. 최충헌이 정권을 잡은 이래 여러 훌륭한 문사들이 많이 배출되기도 했습니다. 이규보, 이인로, 임춘 등은 당시의 유명한 문장가요 학자였습니다.

 이때 국경 지방인 의주 등지에서는 최씨 정권의 포악함을 이기지 못해 많은 장수들이 동진에 항복한 사건이 일어났습니다. 그리고 특히 몽고에서는 고려에 사신을 보내 여러 가지 토산품을 요구하였습니다.
 몽고는 성길사한(칭기즈칸)이 멀리 원정을 가던 무렵이어서 한창 세력을 떨치고 있었습니다. 그러나 고려와는 화친을 맺고 있었음으로 별 말썽은 없었습니다.
 그런데 고종 12년(1225년)에 고려에 다시 사신으로 나왔던 저고여가 국경 지방에서 피살된 사건이 벌어졌습니다. 이는 동진 사람들의 소행이었습니다.

동진은 고려가 몽고와 화친을 맺고 자기들 땅을 왕래하는 것이 못마땅했습니다. 그래서 고려 국경을 침범할 때는 몽고 옷을 입고, 몽고 사신을 괴롭힐 때는 고려 복장을 하였습니다. 양쪽을 이간질(두 사람 사이를 갈라놓는 일)하여 국교를 끊으려는 계책이었습니다.

이 사건 때부터 몽고는 고려가 자기들 사신을 죽인 것으로 생각하여 우호 관계를 끊고 말았습니다.

최우는 처음에는 백성들의 환심을 사기 위해 자기 아버지가 빼앗았던 토지를 백성에게 돌려주기까지 했습니다. 그러나 그것은 진심으로 백성을 위해서가 아니었습니다.

고종 17년(1230년)에는 최우의 아우 최향이 반란을 일으켰다가 죽는 사건이 발생했습니다. 앞서 최우는 동생을 먼 곳으로 귀양을 보냈다가 조금 가까운 곳으로 옮겼습니다. 그러자 최향은 귀양 생활에도 불구하고 많은 인근 백성들을 괴롭혔습니다. 그리고 이웃 고을의 군사를 동원하여 반란을 일으킨 것입니다. 관군에게 쫓기던 최향은 잡혀서 옥중(감옥의 안)에서 죽었습니다.

고종 18년(1231년) 8월, 한동안 외적의 침입이 없던 고려에 몽고의 대군이 침입해 왔습니다. 몽고는 지난번 고려에서 자기들 사신을 죽인 것으로 오해하고, 이를 핑계 삼아 살례탑을 원수로 삼아 국경을 침범하였습니다.
 그러자 국경을 지키던 장수들은 싸우지도 않고 성과 함께 항복하였습니다. 그 중의 조숙창은 바로 조충의 아들이었습니다. 조숙창은 적에게 붙어 각 성을 공격할 때마다 백성들에게 항복을 종용하는데 앞장섰습니다.
 몽고군은 귀주성 남문을 일제히 공격했습니다. 김경손이 싸움에 이기고 돌아오자 박서는 모든 일을 김경손과 의논했습니다. 이튿날, 몽고군은 사로잡은 귀주 부사 박문창을 앞세워 항복을 재촉하였습니다.
 박서는 박문창의 목을 베었습니다. 그리고는 이번에는 북문을 공격했습니다. 그러나 박서의 군사는 이번에도 그들을 격퇴(적을 쳐서 물리침)시켰습니다. 몽

고군은 끈질기게 공격했습니다. 풀섶에 기름을 묻혀 불을 붙여 성 안으로 던졌습니다. 거기다 물을 끼얹자 불은 더욱 거세게 타올랐습니다. 박서는 진흙을 가져다가 불을 끄게 하였습니다.

이런 공방전(서로 공격하고 방어하는 싸움)이 한 달이나 계속되었으나 귀주성은 끝내 함락되지 않았습니다. 적도 더 이상 싸우는 것은 무모하다고 여겨 포위를 풀고 남쪽으로 내려갔습니다.

귀주에서 물러난 적은 평양과 평주 등지를 공격했으나 역시 함락시키지 못하였습니다. 그해 12월, 고종은 몽고 진영에 사람을 보내 화친할 것을 청했습니다.

이때 살례탑은 안북부에 있었는데, 그 역시 고려에 사람을 보내 강화할 것을 요구했습니다. 그래서 마침내 화친이 이루어지게 되었습니다.

몽고는 고려에서 항복(자신이 진 것을 인정하고 상대에게 굴복함)한 조숙창을 돌려보내면서 사신을 보내 화친의 대가로 엄청난 재물을 요구하였습니다. 이런 요구에 응할 만한 물품이 고려에 있을 리가 없었습니다. 그래서 조정에서는 백관들의 지위 고하에 따라서 의복과 물품을 거두어 진영으로 보냈습니다. 이렇게 하여 고종 19년(1232년) 1월, 몽고군이 돌아갔습니다.

이때부터 고려는 몽고의 속국이 되었습니다. 왕은 몽고 임금에게 신하가 되기를 청하였으나, 요구한 물건을 다 보내지 않았다 하여 그 청마저 물리쳤습니다. 최우는 몽고와 화친하는 것이 내심 못마땅했습니다. 나라를 위해서가 아니라 강한 몽고와 화친을 맺어 그들의 간섭을 받으면 자기의 위치가 약해지기 때문이었습니다. 그래서 몽고와 끝까지 싸울 결심을 하고 강화도로 도읍을 옮기자고 청하였습니다. 그러나 반대하는 신하들이 많았습니다.

"작은 나라가 큰 나라를 섬기는 것은 부득이한 일입니다. 지금 개성을 버리고 조정만 강화도로 간다면 육지에 남는 백성들은 적에게 온갖 고통을 다 겪을 것입니다."

그러나 최우는 자기 의견에 반대하는 신하들의 목을 베고 포고(국가의 결정 의사를 일반인들에게 발표하는 일)문을 붙였습니다.

'앞으로 강화 천도에 반대하는 자는 지위의 높고 낮음을 가리지 않고 군법으로 처단한다.'

그래서 고종 19년 7월, 왕의 일행은 강화도에 이르렀습니다. 최우는 이곳 저곳에 사람을 보내 몽고의 다루가치(벼슬 이름)를 죽여버리는 바람에 몽고와의 평화가 깨지고 말았습니다.

이에 살례탑은 다시 대군을 이끌고 공격해 왔습니다. 고려에서는 조정이 백성을 버리고 강화로 옮기자 개성, 평양에서 내란이 일어났습니다.

한편 몽고군은 배를 만들어 강화도를 공격할 준비를 갖추었습니다. 그러나 그들은 강화도 공격을 미루고, 그해 12월에 살례탑은 광주를 공격하고 처인성(용인)을 공격해 왔습니다. 이때 싸움을 지휘하던 살례탑이 김윤후라는 중이 쏜 화살에 맞아 죽었습니다.

몽고군은 이번에도 이기지 못하고 돌아갔습니다. 최우는 더욱 기세등등하여 강화에 성을 쌓고 아주 강화도에 눌러 있을 계획을 세웠습니다. 그러자 몽고는 이따금(조금씩 있다가. 때때로) 공격해 괴롭히는 한편, 고종에게 친히 찾아와 몽고 황제를 만나라는 생떼를 쓰기도 했습니다.

그럴 때마다 왕은 핑계를 대어 사양하고 대신 신안공 왕전을 보내 인사하게 하였습니다. 그리고 다음 해에는 왕준을 왕자라 속여 인질로 몽고에 보냈습니다.

　고종 36년(1249년) 11월, 30년 간 권세를 부리던 최우가 죽었습니다. 최우는 후에 이름을 최이로 고쳤습니다. 최우에게는 서자인 만종과 만전이란 아들이 있었습니다.

　만종과 만전은 중이 되었는데 불도는 닦지 않고 제 아비의 권력을 이용하여 재물을 모으는 데만 힘썼습니다. 그래서 최우보다 더 백성들에게 원망을 사고 있었습니다.

　최우가 죽자 이름을 최항이라 고친 만전이 아버지의 뒤를 이어 후계자가 되었습니다. 최항 역시 집권하자 백성들에게 인심을 얻고자 세금을 없애는 등 좋은 정치를 하는 듯 보였으나, 얼마 지나지 않아 전보다도 더 많은 세금을 거두어 백성들이 모두 분개하였습니다.

　최항은 아버지의 신임을 받던 신하들을 하나 둘 죽이고 자기를 따르는 부하에게만 벼슬을 주었습니다. 그러다가 후에는 자기의 계모인 대씨까지 죽였습니다. 최우에게는 김미라는 외손자가 있었습니다. 김미는 최항이 자기를 해칠 것 같아 숙부 김경손에게 최항을 모함(꾀를 써서 남을 어려운 처지에 빠뜨림)하는 글을 보냈습니다. 그 편지를 받은 김

경손은 이를 최항에게 보였습니다.

최항은 김미를 섬으로 귀양보냈습니다. 그리고 최항은 김경손까지 바다에 빠뜨려 죽였습니다. 한편, 몽고에서는 고려가 강화도로 수도를 옮기고 대항하자 빨리 개성으로 도읍을 옮기라고 협박했습니다.

고종 40년(1253년) 7월, 고려가 끝까지 개성으로 도읍을 옮기지 않자 몽고군이 쳐들어왔습니다. 그리고 어서 육지로 나올 것을 재촉했습니다. 그러나 최항은 끝까지 버틸 심산이었습니다. 이때 장수는 야굴과 몽고대였습니다. 고종은 늙은 몸을 이끌고 몽고대에게 항복을 했습니다. 이어 왕자 안경공을 몽고에 인질로 보내기로 결정하였습니다.

고종 44년(1257년) 4월, 8년 동안 정권을 잡고 마음대로 뒤흔들던 최항이 죽었습니다. 그리고 그의 아들 최의가 뒤를 이어 정권을 잡았습니다.

그러나 최씨의 4대에 걸친 무단정치(무력을 앞세워 행하는 강압적인 정치)는 최의가 정권을 잡은 지 1년 만에 끝이 났습니다.

고종 45년(1258년), 낭장 박희실과 김인준이 함께 최의를 죽였기 때문입니다. 이로써 최씨의 무단 정권은 63년 만에 그 막을 내렸습니다. 이렇듯 어수선한 가운데 고종이 재위 46년, 68세에 승하하였습니다.

이때까지도 태자는 몽고에 인질로 가 있어 모든 일을 태손에게 맡겼습니다.

원종

태자가 몽고에 가 있을 때 몽고 황제이던 헌종이 죽고 그의 동생 흘필렬이 모든 권한을 대행하고 있었습니다. 흘필렬은 용모가 아름다운 고려 태자에게 호감을 느꼈습니다.

그런데 고종이 승하했다는 소식을 들은 태자는 귀국을 서둘렀습니다. 몽고에서는 군사를 내어 태자 일행을 호위해 주었습니다.

태자가 귀국한 즉시 왕위에 오르니 이가 원종입니다. 또 몽고에서도 흘필렬이 황제에 올라 바로 원나라 세조가 되었습니다.

원종은 즉시 몽고에 사신을 보내 원나라 세조의 즉위를 축하하였습니다. 원의 세조는 고려의 사신을 보자 왕의 안부(편안함과 편안하지 아니함 또는 그러한 소식)를 묻고 기뻐했습니

다. 그런 다음 사신이 돌아오는 편에 조서를 보냈습니다.

'고려는 의관을 고려 풍속대로 따르고 굳이 몽고풍으로 고칠 것이 없다. 사신은 조정에서 보내는 이외에는 거절할 것이며, 도읍을 개성으로 옮기는 것은 적당한 시기에 하라. 고려에 주둔하고 있는 몽고 군사는 가을에 모두 철수하겠다.'

이때부터 원나라 세조는 고려를 특별히 우대하였습니다. 당시 몽고 조정에는 많은 고려 사람들이 가 있었습니다. 이들은 모두 조국을 배반하고 자신의 이익을 위해 본국을 헐뜯기에 못할 짓이 없었습니다. 그래서 고려는 몽고 사람들에게 시달리는 것보다 그들이 더 무서웠습니다.

원종 5년(1264년), 몽고는 다시 왕이 몸소 몽고에 들어와 조회하라는 명을 내렸습니다. 완전히 속국(다른 나라의 지배아래 있는 나라)이 되었기 때문입니다. 그래서 그해 8월, 왕은 나랏일을 태자에게 맡기고 몽고로 갔습니다. 이때 이장용이 왕을 따라갔습니다. 원 세조는 왕을 극진히 후대했습니다.

원 세조는 본래 야심이 큰 사람이었습니다. 고려를 마음대로 움직이게 되자 이번에는 정복의 꿈을 키웠습니다. 그 모든 책임을 고려왕에게 위임한다고 하였습니다.

원종 9년(1263년) 10월, 몽고는 고려에 사신을 보내 일본을 공격할 전함을 만들라는 명을 내렸습니다. 원종은 임연을 시켜 최의를 죽인 공으로 권력을 휘드르던 김인중을 죽이고 그 일족을 없앴습니다.

김인중은 백성들의 원망을 많이 샀기 때문에 오래 자리를 유지할 수가 없었습니다. 임연은 야별초를 동원해 김인준의 가족과 부하들을 모조리 잡아들여 죽이거나 귀양을 보냈습니다. 그래서 이번에는 모든 권한이 임연에게 돌아갔습니다.

임연은 권력을 잡자 왕을 폐위시키로 마음먹었습니다. 그래서 우선 왕의 신임을 받던 유경을 귀양보내고, 자기와 함께 김인준을 쳤던 김경과 최은을 죽였습니다.

임연은 이장용을 몽고에 보내어 세자를 돌아오게 하려고 했습니다. 세자를 왕위에 앉히면 자기의 죄가 가벼워질 것 같아서였습니다. 그러나 세자는 오지 않고 부왕의 복위를 요구했습니다.

몽고에서는 원종이 폐위되었다는 말을 듣고 군사를 보내 임연을 제거할 계획을 세웠습니다. 원종이 폐위된 그 해 11월, 몽고에서는 사신 흑적을 보내 전왕을 폐위한 까닭을 추궁(잘못이나 책임을 끝까지 물어 따짐)하고 복위시키라 요구했습니다.

그 결과 원종이 다시 복위되었고, 이어 몽고를 찾아갔습니다. 임연은 왕이 몽고 황제에게 자기의 죄를 말할까

염려해 아들 임유간을 함께 보냈습니다. 그후 원종이 몽고를 출발하여 환국하고 있는 도중 임연은 등창이 나서 죽자 백성들은 천벌을 받은 것이라 하였습니다.

임연이 죽자 임연의 또 다른 아들 임유무가 아비를 대신해 정권을 잡았습니다. 삼별초는 원래 최우가 나라 안의 도둑을 잡기 위해 군사를 모아 밤마다 순찰을 돌게 했던 조직이었습니다. 그래서 야별초라 불렀는데, 숫자가 많아지자 좌별초와 우별초로 나누었습니다.

그 뒤 또 몽고에서 도망해 온 고려 사람을 모아 부대 하나를 만들어 신의군이라 불렀습니다. 이 좌별초, 우별초, 신의군을 통틀어 삼별초라 하는데 이들은 무신 정권의 앞잡이(남의 지시대로 움직이는 사람) 노릇을 하여 행패가 심했습니다.

환국한 원종은 개성으로 다시 조정을 옮기고 이 말썽 많은 삼별초를 해산해 버렸습니다. 그러자 이들이 반란을 일으켰습니다.

원종 11년 6월, 장군 배중손은 불만을 품은 무리를 선동했습니다. 삼별초는 배를 타고 가는 백성들을 마구 쏘았습니다. 배중손은 무기고를 열어 군사들을 무장시켰습니다. 그런 뒤에 승화후 온을 협박하여 왕으로 추대했습니다.

삼별초들은 미처 개성으로 가지 못한 관리들을 협박하여 벼슬을 내렸습니다. 그리고 강화를 떠나 적을 토벌(반란자 등 적이 되어 맞서는 무리를 병력으로 공격하여 없앰)하기 위해 바다로 나갔습니다. 김방경의 군사를 본 삼별초는 다시 진도로 도망했습니다. 그래서 그 곳을 본거지로 삼아 장흥, 나주 등 바닷가 고을을 노략질하기 시작했습니다.

김방경은 다시 진도로 군사를 돌렸는데 그때 몽고 장수 아해가 군사 1천 명을 데리고 따라왔습니다. 아해는 김방경과 사이가 좋지 않았습니다. 하루는 삼별초(고려시대의 특수 부대)에게 잡혔다가 돌아온 홍찬이란 자가 아해에게 '김방경이 적과 내통하고 있다'고 모함하였습니다.
　아해는 김방경을 다루가치에게 압송했습니다. 그러나 얼마 후 모함인 것이 밝혀져 석방되었습니다. 이러는 사이 삼별초는 제주도를 함락시켰습니다.
　김방경이 서울에서 진도에 돌아와 보니 삼별초의 기세가 대단했습니다. 몽고 장수 아해는 겁부터 먹고 군사를 나주로 돌리려 하자 김방경이 이를 말렸습니다.
　"안 됩니다. 원수께서 약한 것을 보이면 누가 용기를 갖고 싸우겠습니까?"
　"잠시 예봉(날카롭게 공격하는 기세)을 피하자는 것뿐이오."
　삼별초는 군함을 몰아 관군을 역습했습니다. 관군은 그 기세를 꺾지 못하고 패해 달아나기 시작했습니다. 급기야 김방경의 관군은 적에게 포위되고 말았습니다. 삼별초의 군사가 관군의 배로 기어올랐습니다.
　이날 싸움에서 관군에게 많은 피해를 입힌 삼별초는 날

이 저물어서 돌아갔습니다. 삼별초 난리는 처음 몽고의 지배를 반대하는 무신들이 일으켰으나 도중에 호응하는 사람들이 많았습니다. 삼별초가 진도를 근거지(활동 터전으로 삼는 곳)로 삼은 것은 수전에 약한 몽고군을 피하기 위한 것이었습니다.

몽고에서는 아해를 소환하고 흔도, 홍다구 등을 보내 소탕하게 하였습니다. 삼별초는 그만큼 강했습니다. 원종 12년(1271년) 5월, 마침내 김방경이 이끄는 관군과 몽고군은 최후의 공격을 시작했습니다.

이들 연합군은 1만여 명의 군사를 1백 척의 배에 싣고 세 방면으로 진도를 공격했습니다. 삼별초군은 여러 차례 싸움에서 승리하여 다소 경계를 소홀히 하고 있었습니다.

김방경은 달아나는 삼별초군과 그들의 가족 1만 명을 생포했습니다. 몽고 군사들은 강화도에서 삼별초에게 포로가 된 사대부집 아녀자들과 그들이 훔쳤던 보물들을 차지하고, 협박에 못 이겨 왕 노릇을 해왔던 승화후 온을 죽였습니다.

원종 13년(1272년), 고려는 다시 원나라(몽고)에 사신을

보내, 제주도의 삼별초를 칠 군사를 요청하였습니다. 제주도를 근거지로 삼은 삼별초는 이번에는 충청도와 전라도 지방을 약탈해 고려 군사만으로는 어쩔 수 없었기 때문입니다. 그래서 원종 14년(1273년) 김방경을 원수로 삼아 혼도 등과 함께 제주도를 치게 되었습니다.

삼별초는 중과부적으로 도망하기 시작했습니다. 항거하다 당하지 못한 삼별초의 장군 김통정은 70명을 거느리고 한라산 기슭으로 숨었습니다. 그러나 더 이상 반격할 군사도 무기도 없었습니다. 그래서 마침내 그는 목을 매어 자살하고 말았습니다.

이로써 3년에 걸친 삼별초의 난은 끝이 났습니다. 원종 15년(1274년) 6월, 원종은 병이 났습니다. 이때 세자 심은 원나라 세조의 딸인 제국대장 공주에게 장가(남자가 아내를 맞아들이는 일)를 들고 그곳에 머물러 있었습니다. 원종은 태자에게 왕위를 물려주고 승하하니 이때 나이가 56세였습니다.

충렬왕

원종이 죽자 충렬왕은 우선 공주를 원나라에 남겨둔 채 돌아와 왕위에 올랐습니다.

앞서 원나라에서는 일본을 치기 위해 고려에 정동행성을 두고 전쟁 준비를 했습니다. 충렬왕이 즉위한 그 해에 고려와 원나라 연합군은 일본을 공격하기 시작했습니다.

김방경도 오군의 하나인 중군의 싸움에 참여했습니다. 연합군의 수는 모두 4만 명이 넘었는데, 대마도 싸움에서 크게 이겼으며, 일기도를 무찔렀습니다. 이어 북구주에 상륙하여 김방경은 한 발짝도 후퇴하지 않고 싸웠습니다.

원나라 원수 홀돈이 김방경의 중군이 싸우는 모습을 보고 감탄했습니다. 하지만 이번 싸움에서 1만 3천의 군사를 잃었습니다.

그후 충렬왕 7년(1281년) 5월, 고려와 원나라 군사는 또 일본 정벌에 나섰습니다. 이때도 김방경은 71세의 노장으로 정동행성 고려군 도원수가 되어 싸움터로 나갔습니다. 그러나 이번 싸움에서도 원나라 군사 10만 명, 고려군사 8천 명을 잃었습니다.

충렬왕은 원나라에 오래 있어 그곳 풍속에 젖어 있었으므로 신하들에게도 몽고 풍속을 따르라 했으나 신하들은 따르지 않았습니다. 제국 공주가 왕자를 낳았습니다.

그 무렵 고려는 많은 여자들을 원나라에 바쳤습니다. 원나라에서는 더 많은 여자를 요구했고, 마음대로 와서 금을 캐가기도 했습니다. 이렇게 혼란스러울 때 나라를 위해 애쓴 사람이 김방경입니다. 그래서 김방경은 권세가에게는 미움을 받고 백성들에게는 추앙(높이 받들어 우러름)을 받았습니다.

충선왕

어려서 학문을 좋아한 충선왕은 아버지 충렬왕이 사냥만 즐기자 세자 때부터 이를 말렸습니다.

"모든 백성들이 곤경에 빠져 있는데, 부왕께서는 어찌 사냥만 일삼고 계십니까?"

이런 충선왕 역시 원나라 성종의 조카딸인 계국공주에게 장가들었습니다. 충선왕은 자기가 학문을 좋아해 학자 양성에 힘썼습니다. 이보다 앞서 충렬왕 30년(1304년)에 안향의 건의로 국학에 섬학전을 설치했습니다.

국학은 고려의 최고 교육기관인데 그 동안 무신들이 정권을 잡으면서부터 재원이 없어 이름만 남아 있었습니다. 충선왕은 이 국학을 진흥(학술이나 산업이 발전함)시키기 위하여 애썼으며 전국에서 학문이 뛰어나고 효행이 있는 선비를 찾아 벼슬을 주었습니다.

충선왕은 또 무신정권이 만들어 놓은 정방을 없앴습니다. 어려서 원나라에서 자란 충선왕은 본국에 돌아와 왕 노릇을 잘해보려 했으나 여러 신하들의 반대에 부딪혀 아예 원나라에 가서 나라를 다스리기로 하였습니다.

이때, 원나라에는 충선왕과 가까운 무종이 즉위하여 신임을 받아 어려운 일이 없었습니다. 충선왕 2년(1310년), 정치에 뜻을 잃은 충선왕은 원나라에 있으면서 갑자기 왕위를 세자 감에게 맡겼다가 곧 세자를 죽여버렸습니다.

충선왕은 왕위를 세자 감의 동생인 강릉대군에게 전하고 자신은 원나라 생활을 계속했습니다.

원나라에 도착한 충선왕은 자기 집에다 만권당을 설치

하고, 고려에서 이제현 등을 부르고, 당시 이름이 높던 그 곳의 학자 조맹부 등과 함께 학문을 연구하였습니다.

충선왕은 원나라 황제에게 과거제도를 실시할 것을 건의하여 시행하게 되었습니다. 원나라 황제는 충선왕을 자기 조정의 승상으로 임명하였습니다.

연경에 돌아온 2년 후인 충숙왕 12년(1325년) 5월에 충선왕은 파란 많은 일생을 마쳤습니다.

충숙왕

충숙왕은 왕위에 올랐으나 상왕인 충선왕이 매사에 간섭을 하는 처지였습니다. 이렇게 되자 조정은 왕을 따르는 신하, 상왕 충선왕을 따르는 신하, 그리고 심양왕 고를 따르는 신하들로 나누어져 서로 모함하고 정치 싸움을 일삼았습니다.

충숙왕 역시 원나라의 공주에게 장가들었는데, 충숙왕 6년에 공주가 갑자기 죽자 원나라에서는 의혹(의심하여 수상하게 여김)을 품었습니다.

충숙왕 12년(1325년), 충숙왕은 원나라에 빼앗겼던 옥새를 다시 받고 귀국했습니다. 같은 해에 충선왕이 원나라에서 승하하였습니다.

원나라에서는 충숙왕의 청을 들어주어 세자가 즉위함으로써 충혜왕이 되었습니다. 충혜왕은 왕위에 오르자 부왕의 옛 신하들을 하나 둘 벼슬에서 떼고 자기 사람으로 채웠습니다. 또 원나라 조정에서도 신임을 받지 못하였습니다. 그래서 원나라는 1년 만에 충혜왕을 폐위시키고 충숙왕을 다시 복위시켰습니다.

다시 왕위에 오른 충숙왕은 아들 충혜왕과 사이가 좋지 않았습니다. 그러나 승하할 때는 다시 충혜왕에게 왕위를 전했습니다. 이때 충숙왕은 재위 25년이었고, 46세였습니다.

충혜왕

부왕에게 두 번씩이나 왕위를 이어받은 충혜왕은 원나라를 **조심**(잘못이나 실수 따위가 없도록 마음을 씀)하기는커녕 더욱 방탕만을 일삼았습니다.

그래서 충혜왕 복위 4년(1343년), 원나라에서 사신을 보내 다시 왕을 잡아갔습니다. 이때 사신이 나온다는 말을

들고도 왕은 마중을 나가려 하지 않았습니다.

　충혜왕은 이듬해 1월, 목적지인 게양에 도착하지 못하고 도중인 악양에서 죽었습니다. 당시 백성들은 충혜왕이 독살을 당한 것이라고 의심했으나 확실한 것은 알 수 없습니다. 이때 충혜왕의 나이 36세, 재위 7년이었습니다.

충목왕과 충정왕

　충혜왕이 귀양길에서 죽었을 때, 원나라에 있던 세자의 나이는 겨우 8세였습니다. 어린 충목왕은 총명하고 학문을 좋아했습니다. 그래서 이제현 같은 학자들로부터 날마다 글을 배우고 임금의 도리(사람이 마땅히 지켜야 할 바른 길)에 대해 배웠습니다.

　또 충목왕 4년(1348년)에는 개성 지방에 흉년이 들고 질

병이 돌아 많은 사람이 죽었습니다. 왕은 자신의 반찬을 줄여 그 비용으로 백성을 도왔습니다. 그리고 궁궐의 창고를 열어 죽을 쑤어 굶주린 사람들을 먹였습니다.

백성들은 처음으로 훌륭한 임금을 만났다고 기뻐하였습니다. 그러더니 왕이 시름시름 앓기 시작하더니 재위(임금의 자리에 있음) 5년, 12세의 어린 나이에 죽었습니다. 당시 백성들은 고려 말엽 때 충목왕이 다스린 5년 동안이 가장 태평한 시대였다고 하면서 왕의 죽음을 슬퍼했습니다.

이때 왕이 될 대상은 두 사람이었습니다. 하나는 충혜왕과 어머니가 같은 강릉군이요, 하나는 충혜왕의 서자인 경창 부원군이었습니다.

재상(임금을 보필하며 모든 관원을 지휘·감독하는 자리에 있는 이품 이상의 벼슬을 통틀어 이르던 말)들과 백성들은 모두 강릉군을 왕으로 추대하려 했으나 원나라에서는 12세의 어린 경창 부원군을 왕으로 삼았습니다. 이가 충정왕입니다.

어린 충정왕은 모든 정치를 모후의 일가인 윤씨 일파에게 맡겨 나라가 크게 어지러워졌습니다. 이를 본 원나라에서는 다시 강릉군을 왕으로 책봉하니 이가 바로 공민왕입니다.

공민왕

공민왕이 왕위에 있는 동안 고려는 세찬 외세의 공격을 받았습니다. 공민왕은 원나라의 노국 공주와 함께 고국에 돌아왔습니다.

공민왕 1년(1352년) 9월에 조일신이 난을 일으켰습니다. 조일신은 자신이 왕을 추대하는 데 공로가 많은 것을 믿고 횡포가 심하였습니다.

자기와 친한 사람이 있으면 원나라 조정의 뜻이라 하여 마구 벼슬을 주었습니다. 어느 정도 자기의 목적을 달성한 조일신은 자기의 안전을 위해 지금까지 함께 일했던 최화상, 정천기 등에게 이번 사건의 책임을 뒤집어씌워 죽였습니다.

왕은 이인복의 말대로 조일신을 처치하고 그의 무리도 모두 매를 쳐 귀양을 보냈습니다. 원나라도 이때 정치가

　어지러워 곳곳에서 반란이 일어나 고려에 원군을 보내 달라고 요청해 왔습니다. 그래서 공민왕 3년(1354년) 7월, 유탁에게 군사 2천 명을 주어 원나라에 보내 싸움을 돕게 했습니다.

　공민왕 8년(1359년) 11월, 중국 대륙을 휩쓸고 있던 홍건적이 마침내 압록강을 건너와 고려를 약탈하기 시작했습니다.

　12월, 적의 괴수 모거경이 4만 명의 적도를 이끌고 얼어붙은 압록강을 건너 의주를 침입하여 부사와 주민 1천 명을 죽였습니다. 이어 다시 정주를 함락하여 도지휘사

김원봉을 죽였습니다.

 이방실에게 패해 달아난 홍건적은 한동안 잠잠했습니다. 그러다가 공민왕 10년(1361년) 10월에 다시 대거 침입했습니다. 조정에서는 이방실을 서북면 도지휘사로, 안우를 상원수로, 김득배를 도병마사로 삼아 방어하였습니다.

 첫 싸움에서 안우 등은 크게 적을 무찌르고 약간 공격을 늦추었습니다. 조정에서는 어전회의(중요한 나라 일을 다루기 위하여 임금 앞에서 신하들이 하는 회의)가 열렸는데, 개성을 버리고 남쪽으로 피난하기로 결정을 내렸습니다.

 11월 19일, 왕의 일행이 개성을 떠나려 하자 안우, 이방실, 최영 등이 달려왔습니다. 최영은 군사를 내보내 의병을 모집했으나 응하는 자가 겨우 몇 사람뿐이었습니다. 초라한 왕의 행렬이 도성을 나서자 백성들은 눈물을 흘렸습니다.

 이성계도 이 싸움에 참여하고 있었습니다. 그는 2천 명의 군사를 거느리고 앞장서서 싸웠습니다. 그래서 적의 우두머리 사유와 관선생 등의 목을 벤 공을 세웠습니다. 적은 저희들끼리 밀치고 넘어져 더 많이 죽었습니다.

마침내 홍건적의 난은 완전히 평정되었습니다.

적은 물러갔으나 이번에는 전쟁에 공을 세운 장수들이 간신(간사한 신하)들의 손에 무참히 죽는 내란이 일어났습니다.

홍건적을 물리치자 이번에는 나하추의 군사 수만 명이 국경을 침범해 왔습니다. 나하추는 본래 원나라 사람인데 나라가 어지러워지자 봉천, 심양에서 군사를 모아 세력을 떨치던 자입니다.

공민왕은 이때까지도 안동에 있으면서 이성계를 동북면 병마사로 삼아 나하추의 군사를 막도록 했습니다.

이성계는 큰 승리를 거두고 적군을 격퇴시켰습니다. 태자는 충선왕의 아들인 덕흥군 혜를 왕으로 삼고, 원나라에 머물고 있던 고려의 신하들에게도 높은 벼슬을 주었습니다.

한편, 덕흥군을 원나라에서 왕으로 삼았다는 소식이 전해지자 국내에 있던 김용은 공민왕을 죽이고 새 왕을 맞을 계획을 세웠습니다.

공민왕 12년 3월, 김용이 보낸 50명의 군사가 왕이 머물고 있는 흥왕사를 포위했습니다. 그러나 공민왕은 반란이 일어나자 침전에서 나와 대비의 밀실(아무나 함부로 드나들지 못하게 하고 비밀히 쓰는 방)로 들어가 숨고, 침상에는 공민왕과 얼굴이 비슷한 환관 안도적이 누워 있었습니다. 그 환관이 공민왕을 대신해 죽었습니다.

이후 김용은 귀양을 갔다가 죽음을 당했습니다.

원나라 군사들이 다시 압록강을 건너왔을 때, 이성계가 최영을 도와 적을 크게 무찔렀습니다. 원나라에서는 더 이상 군사를 동원해 고려를 칠 힘이 없었습니다.

공민왕 14년(1365년) 2월, 공민왕이 사랑하던 노국 공주가 아이를 낳다가 죽었습니다. 공민왕은 공주의 넋을 위로하기 위해 장례식을 성대하게 치렀습니다.

사랑하던 공주를 잃은 공민왕은 마침내 모든 정사를 신돈에게 맡겼습니다.

어느 날 꿈에서 깬 공민왕에게 김원명이란 신하가 편조란 스님을 데려왔습니다.

"아니, 스님!"

공민왕이 놀랐습니다. 왜냐하면 지금 이 스님은 어젯밤 꿈에 자기를 도와준 그 스님이었던 것입니다.

　왕은 그 때부터 날마다 편조를 만났습니다. 편조는 왕의 신임을 얻기 위해 항상 헌 누더기(여기저기 찢어진 자리를 꿰매어 입은 헌 옷)만 걸치고 다녔습니다.

　이제현 등 많은 신하들이 간사한 중이라고 간했으나 왕은 듣지 않았습니다. 편조(신돈)는 중의 신분이면서 여러 아내를 데리고 살았습니다. 이를 본 최영이 신돈을 비방했습니다.

하루는 최영이 군사를 거느리고 사냥을 나갔습니다.

"가물고 흉년이 든 이때에 사냥을 한 최영에게 죄를 물어야 합니다."

왕은 그 말대로 최영을 파면시켰습니다. 그리고 신돈에게 딸을 바친 사람들에게 높은 벼슬까지 주었습니다. 이런 신돈의 횡포를 백성들은 다 비난하면서 미워했습니다.

공민왕이 신돈을 신임한 것은 이유가 있었습니다. 조정의 신하들은 자기들끼리 편을 지어 왕을 허수아비처럼 생각했기 때문입니다. 그래서 차라리 파당이 없는 신돈을 자기편으로 만들어 왕권을 강화시키자는 속셈이었습니다.

신돈은 실권(실제로 행할수 있는 권리나 권세)을 쥔지 한 달만에 영도첨의사사란 최고의 벼슬에 올랐습니다.

신돈은 권력자들이 빼앗은 농토를 원래 주인에게 돌려주게 했습니다. 그리고 노예로서 양민이 되기를 원하는 자는 모두 해방시켜 주었습니다. 그러자 노예들은 신돈을 성인이라 생각했습니다.

신돈은 자기 혼자서 많은 원로(지난날 관직이나 나이·덕망 따위가 높고 나라에 공로가 많던 사람) 대신들과 맞서기가 힘들자 옛날 함께 지내던 사람을 추천하여 자기편으로 만들었습니다.

그리고 자기 여종을 왕에게 바쳐서 왕자를 낳게 했습니다. 공민왕은 왕자가 없던 터라 자주 신돈의 집으로 아기를 보러 갔습니다. 그 때마다 신돈은 갖은 수단으로 왕의 환심을 샀습니다.

죽은 노국 공주의 사당을 못 만들게 반대하자 왕은 왕 노릇을 더 못하겠다고 왕위를 비우고 다른 궁으로 옮기고 음식도 들지 않았습니다. 신돈이 왕의 노여움을 풀려고 이색을 옥에 가두었습니다.

그러자 왕은 화가 풀려 그를 석방하였습니다. 공민왕 18년(1369년), 전해에 원나라가 망하고 대신 명나라가 섰습니다.

명 태조는 고려에 원나라 대신 명나라를 섬길 것을 요구했습니다. 고려에서는 지금까지 쓰던 원나라의 연호를 버리고 명나라에 사신을 보냈습니다.

이때까지 신돈을 신임했던 공민왕은 몇 년이 지나자 온 조정이 신돈의 무리로 가득 차자 점차 신돈이 두려워지기 시작했습니다. 이를 눈치챈 신돈은 먼저 선수를 써서

왕을 없앨 계획을 세웠습니다.

그래서 신돈 일당은 공민왕이 광종과 문종의 능에 참배하러 갈 때 길목에 잠복해 있다가 죽이기로 했습니다. 그런데 계획에 참여한 이인이란 자가 밀고를 했습니다.

공민왕은 신돈을 수원으로 귀양을 보냈다가 얼마 후 죽였습니다.

신돈을 죽인 후 왕은 신돈의 집에서 기르고 있던 왕자를 궁궐로 데려왔습니다. 그리고 이름을 모니노라 불렀습니다. 어린 모니노는 출생은 미천(신분이나 사회적 지위가 낮음)했지만 영리하고 슬기가 있어 왕의 사랑을 받았습니다.

그러던 공민왕 23년(1374년) 9월에 왕은 최만생, 권진 등에게 시해당하고 말았습니다. 대신들은 열 살된 모니노를 왕으로 세우니 이가 바로 우왕입니다.

우왕

불과 열 살에 왕위를 이어받은 우왕은 신하들의 도움을 받을 수밖에 없었습니다. 그러자 처음부터 권력 다툼이 벌어졌습니다.

이때 명나라에 쫓긴 원나라는 북쪽에서 겨우 이름만 유지하고 있었는데 이를 북원이라 불렀습니다.

신하들은 옛날 의리로 보아 북원을 섬겨야 한다는 쪽과 다 망해가는 북원보다는 새로 일어난 명나라를 섬겨야 한다는 주장으로 맞섰습니다.

그러자 명나라에서는 갖가지 트집(괜히 남의 조금만 실수를 들추어서 괴롭힘)을 잡고 많은 공물을 요구했습니다. 우왕 6년(1380년)에는 금과 은을 비롯한 많은 보물과 곡물을 가지고 요동에 갔으나 양이 적다고 입국시키지 않아 그냥 돌아오고 말았습니다.

이러한 명나라의 터무니없는 요구 때문에 고려는 혼란을 겪었습니다. 그러나 결국 품목을 다른 것으로 바꾸어 더 많이 보내어 겨우 국교를 맺었습니다.

우왕 12년(1386년), 정몽주가 사신으로 명나라에 가 명나라 태조를 만났습니다.

"우리 고려는 본래 토지가 척박하고 땅이 좁아 특별한 산물이 나지 않습니다. 그러니 공물의 양을 줄여 주시고, 그 동안 밀린 공물도 감해 주시면 좋겠습니다."

그러나 후에도 명나라에서는 많은 수량의 말들을 요구했습니다. 이 말은 전쟁에 쓰는 말이었으나 고려에는 그런 말이 없었습니다.

우왕 14년(1388년) 2월, 명 태조는 갑자기 철령위를 세운다는 조서를 고려에 보내왔습니다.

'**철령**의 북쪽, 서쪽, 동쪽은 본래 중국의 개원로에 속한 곳이었다. 따라서 여진과 달단, 고려를 요동에 편입시킨다.'

고려에서는 즉시 박우중을 보내 항의했습니다. 그러나 명나라에서는 고려의 항의를 받아들이지 않고 철령위를 고집(자신의 생각이나 의견만을 내세워 굽히지 아니함)하였습니다.

이때 이번 기회에 아예 요동을 정벌해 우리 국토를 회복하고 그들의 욕심을 꺾어야 한다고 최영이 주장하자 우왕도 찬성하였습니다.

그 날부터 고려는 원나라와 가깝게 지내는 친원정책으로 바꾸었습니다. 우왕은 최영과 함께 군사를 거느리고 해주로 사냥을 떠났습니다.

말은 사냥이었지만 요동을 공격하기 위한 구체적인 계획을 세우기 위해서였습니다. 4월에 왕과 최영 일행은 평양에 도착했습니다.

거기서 최영을 팔도도통사로, 조민수를 좌군도통사로, 이성계를 우군도통사로 삼아 요동 공격을 시작했습니다.

그러나 뜻밖에도 이성계가 반대했습니다.

"군량이 풍부한 가을까지 기다렸다 공격해야 합니다.

지금은 요동을 공격한다 해도 곧 장마(여러 날 동안 비가 계속해서 오는 일)철이 됨으로 군사를 움직일 수 없습니다. 그러면 군량이 떨어져 실패할 수밖에 없습니다."

하지만 이런 이성계의 반대에도 불구하고 요동 공격이 시작되었습니다. 전국에서 군사를 징발하여 군사는 모두 10만 정도가 되었습니다.

5월 초에 조민수와 이성계가 이끄는 군사가 압록강을 건너 위화도에 진을 쳤습니다. 그러나 계속 비가 내려 병자가 속출(잇달아 나옴)했습니다.

"지금 이대로 중국 국경을 침범하여 황제의 노여움을

사면 살아남지 못할 것은 뻔한 일이오. 우리가 돌아가 임금을 바꾸고 백성과 군사를 쉬게 하는 것이 상책이 아니겠소."

이성계의 이런 권유에 모든 장수들이 따름으로서 명나라 공략은 중단되었습니다.

우왕의 어명을 어긴 이성계와 조민수 두 장수는 압록강을 건너 개성으로 향했습니다.

6월 1일, 개성에 도착한 이성계는 교외에다 군사를 주둔시키고, 우왕에게 최영의 목을 벨 것을 강력하게 요구하였습니다.

우왕은 하는 수 없이 이성계의 요구대로 최영을 귀양보낸 뒤, 이성계를 우시중에 조민수를 좌시중에 임명했습니다.

이성계가 세력을 떨치자 조정의 벼슬아치들은 모두 이성계의 편이 되었습니다. 이때부터 우왕을 폐하고 새 왕을 세워야 한다는 의견이 빗발쳤습니다. 그래서 이성계는 우왕을 강화도로 귀양보낸 뒤 다음해에 죽였습니다.

이때 우왕의 나이 73세였습니다.

옛날 신라 때부터 고려를 괴롭혀 온 일본의 해적들을 왜구라고 불렀습니다. 특히 고려와 몽고가 일본 정벌을 꾀하다가 실패한 이후부터 왜구는 더욱 말썽을 피웠습니다.

북쪽에서는 여진과 거란, 몽고의 침입이 잦았고, 남쪽에는 왜구가 들어와 백성들을 괴롭혀 고려는 항상 걱정에 싸여 있었습니다.

우왕 2년(1376년)에는 왜구가 부여를 침범해 공주, 연산을 거쳐 고부 지방과 태인 등 몇 개 고을을 완전히 점령하고, 나중에는 전주까지 함락시켰던 일이 있었습니다.

또 다른 왜구들은 합포, 울산, 함안 등지로 상륙하여 동래까지, 또 다른 왜구들은 강화로 상륙하였습니다.

조정에서는 이들을 맞아 여러 장수를 보냈으나 공주에 간 최영 장군만 크게 승리를 거두었을 뿐 다른 장수들은 모두 패하고 말았습니다. 강화에 상륙한 왜구는 나세에게 패하여 달아나면서 개성 쪽을 위협하였습니다.

그러자 조정에서는 도읍을 옮길 계획까지 세워 놓고 있었습니다. 우왕은 평소 북쪽의 외적을 여러 차례 격퇴한 이성계를 삼도순찰사로 삼아 적을 치게 했습니다.

이성계의 공격을 받은 적군은 도망하기 시작했습니다. 이 싸움으로 산골짜기엔 적의 시체가 가득 쌓이고 냇물은 온통 핏빛이 되었습니다.

아군에 비해 열 배나 많던 적은 이 싸움에서 말 1천 6백 필을 빼앗기고 살아 돌아간 자는 70명에 불과

했습니다. 그러나 왜구는 이후에도 틈만 있으면 침범*해 와 고려의 멸망을 재촉하는 결과가 되었습니다.

창왕

우왕이 귀양가고 대신 어린 창왕이 왕위를 잇자 고려는 바람 앞에 촛불처럼 위태(일의 돌아가는 상황이 어렵고 마음을 놓을 수 없음)로웠습니다.

모든 권력이 이성계 일파에게로 돌아갔습니다. 이성계는 본래 야망이 있는데다가 백성들의 추앙을 받아 왕보다 더 위세(위엄이 있는 기세)를 떨쳤습니다.

시중 이색은 이런 이성계가 아무래도 무슨 일을 저지를 것 같은 생각이 들었습니다. 창왕 1년(1389년), 김저 등이 귀양가 있는 우왕을 복위시키려고 모의를 한 사건이 일어났습니다.

김저는 최영의 조카였습니다.

김저 일당의 음모(몰래 좋지 못한 일을 꾸밈)를 알게 된 이성계는 여흥에 있는 우왕을 다시 강릉으로 옮겼습니다. 이성계는 대신들을 모아 이번 사건을 의논했습니다.

"우왕과 창왕은 본래 왕씨의 자손이 아니므로 폐위시키고 왕씨를 받들어 왕을 세웁시다."

"왕씨의 자손으로 누구를 세웁니까?"

"신종의 7대 손인 정창군 요가 가장 가까운 왕손이오."

그래서 이성계의 뜻대로 정창군이 뽑혔습니다. 정창군이 바로 고려 최후의 왕인 공양왕입니다. 이성계는 창왕을 폐위시켜 강화로 귀양을 보내면서 성을 아주 신씨라 하였습니다.

정창군은 이때 45세였는데, 왕위에 오르자 불안하기 그지없었습니다. 공양왕을 세운 이성계 일파는 귀양을 가 있는 우왕과 창왕이 마음에 걸렸습니다. 그래서 사람을 강릉에 보내 우왕과 창왕을 죽였습니다.

이때 창왕은 열 살의 어린아이였습니다.

공양왕

이성계에 의해 왕위에 오른 공양왕은 모든 권력을 그들에게 맡겼습니다. 공양왕은 처음부터 왕이 될 생각이 없었는데 억지(잘되지 않을 일을 무리하게 해내려는 고집)로 왕이 되었습니다.

그러다 공양왕 4년(1392년)에 정몽주의 말을 듣고 이성계와 가까운 정도전, 조준 등을 귀양보낸 다음 죽이려 했습니다.

그러자 이성계의 아들 방원이 불만을 품고 아버지의 만류에도 불구하고 정몽주를 죽일 생각을 했습니다.

"이대로 앉아서 당할 수는 없다."

이방원은 가까운 조영규에게 자기의 계획을 말하고 도움을 청하자 조영규가 몇몇 장사를 모았습니다. 며칠 후 정몽주가 선죽교를 건너 집으로 돌아가는 것을 기다렸다

<u>다짜고짜</u>(앞뒤사정이나 옳고 그름을 가리지 않고 덮어놓고 갑자기)달려들어 철퇴를 휘둘렀습니다.

고려의 충신 정몽주는 그렇게 힘없이 쓰러지고 말았습니다. 그때 정몽주를 따르던 사람들도 죄없이 함께 목숨을 잃었습니다.

공양왕은 이런 사건이 일어나자 겁에 질려 신하인 이성

계한테 뜻밖의 약속을 하고 말았습니다.

'내가 경의 덕으로 임금의 자리에 올랐는데, 어찌 그 은혜를 잊을 수 있겠소. 앞으로는 경의 뜻을 결코 저버리는 일은 하지 않을 것이오.'

이때 이방원과 남은 등은 비밀리에 이성계를 왕으로 추대할 계획을 꾸미고 있었습니다. 이를 알게 된 공양왕은 신하들을 데리고 이성계의 집을 찾아갔습니다.

이것은 미리 방원 일당이 꾸민 속임수(남을 꾀어서 속이는 수단)에 말려들었기 때문입니다. 공양왕은 이렇게 힘없이 왕위를 뺏기고 물러났습니다. 이로써 고려는 태조 왕건이 나라를 세운 지 34대 475년 만에 멸망하였습니다. 공양왕은 그후 삼척으로 쫓겨났다가 1394년에 살해되었습니다.

이어 이성계는 신하들의 추대를 받아 왕위를 받았습니다. 이때부터 조선 왕조가 시작되었고, 이성계가 조선의 왕 태조가 되었습니다.

논술이란?

論 말할 논(론) : 말하다. 진술하다. 사리를 밝히다.
述 지을 술 : 짓다. 글로 표현하다. 설명하다.

논술(論述)이란 말과 글로 표현하는 것인데……. 무엇을 어떻게 말과 글로 표현할 것인가?-〈여기서 무엇은 독서(책 읽기)을 의미한다.〉

국어사전에서는 '논술이란 의견을 논하여 말하거나 서술하는 것'이라 한다. 그렇다면 '논술이란 읽은 책을 말과 글로써 자신의 의견을 문장에 있어서 논리 정연하게 서술하는 것'이라 하겠다.

 그럼, 책 읽기는 어떻게 해야 하는가?

초등학교 시기에는 실제 경험을 통해서 구체적인 정보를 얻게 된다. 이때에는 내용을 구체적으로 상상하고 판단할 수 있도록 자세하게 읽는 정독 방법에 의한 독서 교육이 필요하다. 유아 시기에 글자 읽히기에만 주력하다 보니 아이들이 책을 읽기는 하나 내용을 이해하지 못하는 현상이 나타난다. 정확한 이해가 부족한 상황에서 초등학교에 입학함으로써 학습지체 현상이 나타나고 수업에 집중하지 못하여 학력 저하 등이 빚어진다.

그러나 중·고등학교 시기에는 자신이 경험하지 않고도 상상이나 판단 등을 통해 정보를 가공할 수 있다 하겠다. 이때에는 다양한 정보들을 서로 연계하고 종합하는 훈련을 거친 후 많은 정보를 기본으로 하는 속독의 의미가 있다. 하지만 중·고등학교 시기에 빠르게 읽는 방법에 익숙해져버리면 정보에 대한 의미를 정확하게 파악하지 못한 채 대충 내용만 훑고 지나가므로 판단력과 깊은 사고력·비판력 등을 상실하게 된다.

　그러므로 책 읽기는 어릴 적부터 책 읽는 습관과 독서 능력을 이론적으로 체계화시키고 실제적인 사례를 근거로 기초적인 학습 능력을 연결하여 자기 주도적인 판단 능력으로 읽도록 하여야 한다. 물론 가장 중요한 것은 즐겁고 행복한 책 읽기가 되어야 한다.

 또한 책을 읽고 난 후 느낌은 어떻게 표현(글쓰기)해야 하는가?

　인간의 뇌 중 오른쪽 뇌는 음악을 듣거나 그림을 그리거나 잠을 자는 등 비언어적인 활동에 열중할 때 더 활동적이고, 왼쪽 뇌는 언어를 사용할 때나 수학 문제를 풀 때 더 활동적이라 한다. 그러므로 오른쪽 뇌와 왼쪽 뇌의 기능을 서로 교류시켜 가면서 통합적으로 사용하여 고도의 효율성을 갖게 하는 것이 중요하다.

　대부분의 학생들이 책을 읽고 난 후 글을 쓸 때 머릿속에 그려지는 것은 거미줄처럼 많으나 구체적으로 전개하고자 할 때에는 논리가 정연하게 되지 않는 것이 사실이다. 이때에는 사고나 기억을 되살려 도표나 그림으로 만드는 방법으로 글의 전개를 이끌어 낼 수 있다.

　창조적인 글을 쓰기 위해서는 주제의 중심 이미지를 선정하는 것이 매우 중요하다. 논술을 쓸 때에는 이미지 중심에서 시작하여 각각의 절에서 주의를 끌 만한 문장이나 결론, 혹은 중요 어휘 등에 접근 방법과 계속적인 질문 방법으로 시작한다.

　글을 쓸 때에는 우선 주제를 정하고 각각의 절이나 문장에서 중요시 되는 중요 어휘를 발췌하여 확고한 자신의 견해를 제시함으로써 창의적이고도 논리가 정연한 글을 작성하도록 한다.

사고력 통통 이해력 쑥쑥~ 논리와 놀자

1 태조 왕건은 왜 '훈요십조'를 만들어 다음 왕이 꼭 지키도록 했을까요? 그 이유를 말해 보세요.

2 강감찬 장군이 수많은 거란군을 한번에 무찌른 작전을 설명해 보세요.

3 고려 시대에는 왜 많은 절을 지었을까요? 이유를 말해 보세요.

4 대각국사 의천이란 인물에 대해 설명해 보세요.

5 천태종이란 종교는 누가 어떻게 만들었을까요? 아는 대로 설명해 보세요

6 윤관이 쌓은 성은 모두 몇 개이고, 왜 쌓았는지 설명해 보세요.

생각을 펼치는 독서감상문 쓰기

독서감상문을 써 보세요

좋은 작품을 읽고도 모든 내용을 다 기억할 수는 없지요.
많은 책을 읽고 난 후 금방 잊어버린다면 너무 아깝지 않나요?
책을 통해서 주인공과 대화할 수 있고, 책속의 인상 깊은 장면을 그림이나 글로 표현해 본다면 사고력과 창의력이 쑥쑥 자라는 내 모습을 느낄 수 있을 거예요.

독서감상문을 잘 쓰려면 어떻게 할까요?

- 읽은 책의 책명, 저자, 출판사, 처음 읽은 날, 다 읽은 날 등을 분류해 보세요.
- 책을 읽게 된 동기, 전체적인 줄거리 요약, 중요사건의 내용 등을 중심으로 써 보세요.
- 주인공의 성격이나 상황을 떠올려 보고 나와 비교해 보세요.
- 책을 읽은 후 느낌을 간단하게 정리해 보고 뒷이야기를 상상해서 그림이나 글로 표현해 보세요.

책 명		분 류	
저 자		읽은 날짜	
출판사		읽은 소요시간	

- 책을 읽게 된 동기

- 전체적인 줄거리 간단하게 요약하기

- 내가 주인공이라면 … (주인공의 성격, 상황을 나와 비교)

- 책을 읽고 난후 나만의 상상 뒷이야기

- 책 속의 인물 찾아 이야기하기

고려사

초판 1쇄 2005년 5월 10일
초판 2쇄 2006년 6월 15일

원작 김종서 · 정인지 | 구성 공감사 | 그린이 심명섭
펴낸이 송기찬 | 펴낸곳 홍진미디어
주 소 서울 중구 중립동 155-2 | 등 록 2004년 7월 2일 제2-4006호

공급처 | 아이템북스

※잘못된 책은 바꿔 드립니다.